관심을 배우는

한국어

한국어와 일본어를 비교하며 읽는

재미가 쏠쏠 ~

신체편

관용어로 배우는 한국어

발행일 2018년 12월 22일 초판 1쇄
펴낸이 아리랑한국문화원

글·구성 이주란 **그림** 안도현 **편집** 강경업
일본어 감수 최의철, 이보순, 나카무라 사토시

문의 070-8644-3017
E-mail jr4334@naver.com

발행처 상생출판 **전화** 070-8644-3156 **팩스** 0303-0799-1735
주소 대전시 중구 선화서로29번길 36(선화동)
출판등록 2005년 3월 11일(제175호)
ⓒ2018상생출판 **ISBN** 979-11-86122-79-2
가격은 뒤표지에 있습니다.

관용어로 배우는

한국어

신체편

한국어와 일본어를 비교하며 읽는

재미가 쏠쏠 ~

글|이주란 · 그림|안도현

상생출판

지구촌에는 국제법상 약 250개에 달하는 나라가 있다. 그들 나라만큼 다양한 문화가 존재한다. 각 나라의 언어 속에는 그들의 문화가 깃들어 있기 마련이다. 그래서 언어 자체를 '언어문화'라 규정하기도 한다.

우리가 외국어를 배울 때, 낱말의 유래나 문화적 배경을 알면 '배움의 즐거움'은 더 커진다. 그렇다면 한 나라의 문화를 담은 언어는 어디에서 찾을 수 있을까? 여러 가지가 있겠지만, 관용어나 속담을 생각해 볼 수 있다. 이들은 학습자에게 한 차원 높은 배움의 길로 이끌어 준다.

이 책에서는 관용어를 다룬다.

관용어는 특별한 경우를 제외하고는 거의 아는 단어의 조합으로 이루어지지만 선뜻 알기가 싶지 않다. 혹 문맥을 살펴서 유추할 수도 있지만 쉽지 않는 경우가 많다. 그래서 대개 나라마다 관용어를 따로 모아서 사전을 펴낸다.

관용어를 많이 알고 외워 쓴다고 해서 반드시 말을 잘한다고는 단정하기 어렵다. 하지만 관용어를 알고 쓴다는 것은 그 언어의 사회적 쓰임뿐 아니라 현지인들의 삶의 방식을 이해하는데, 한 걸음 더 가까이 다가섰다고 말할 수 있다.

한국어를 배우는 학습자도 어느 정도 소통의 단계에 오르면 관용어가 주는 언어의 힘을 경험하게 된다. 관용어에서 그 표현이 형성된 사회적 배경과 문화 요소를 엿볼 수 있기 때문에, 관용어를 익히면 한국문화의 속살을 체험하고 한국어를 구사하는데 도움이 될 것이다.

단기 4351(서기 2018)년 시월에
이주란 씀

책의 구성과 특징

이 책은 한국어를 배우는 일본인 학습자를 대상으로 하여, 일본어와 비교하여 한국어 표현을 익힐 수 있도록 구성되었다. 수많은 관용어 중에서도 일차적으로 신체를 활용한 50여 개를 선별하여 제시하였다.

관용어를 세 부분으로 나누었다. 1부는 서로 같은 뜻을 나타내지만 한국과 일본이 다르게 표현하는 관용어를 선택하였다. 2부는 한국어에만 있는 표현을 골랐다. 3부는 같거나 거의 동일하게 쓰는 관용어를 정리했다.

그리고 '연습문제'를 두어 배운 표현을 연습할 수 있게 하였다.

학습자는 이 책을 스스로 읽어가면서 관용어를 공부할 수 있다. 또한 일본어를 배우는 한국인도 이 책을 통해 한국어와 일본어라는 두 마리 토끼를 잡는 책이 되기를 기대해 본다.

차 례

韓 ≠ 日

2부 아하, 그렇구나

3부 아하, 이렇게 비슷하구나

관용어

1부

아하,
이렇게 다르구나

韓 ≠ 日

'발이 넓다'와 'かおがひろい[顔が広い]'

'눈에 차다'와 'きにいる[気に入る]'

'마음이 무겁다'와 'きがおもい[気が重い]'

'사족을 못 쓰다'와 'めがない[目がない]'

'머리를 모으다/맞대다'와 'ひたいをあつめる[額を集める]'

'얼굴이 홍당무가 되다'와 'かおからひがでる[顔から火が出る]'

'코끝이 찡하다'와 'むねをうたれる[胸を打たれる]'

'입이 무겁다'와 'くちがかたい[口が堅い]'

'손을 쓸 수 없다'와 'てもあしもでない[手も足も出ない]'

'엉덩이가 무겁다'와 'こしがおもい[腰が重い]'

'오리발을 내밀다'와 'すずしいかお[涼しい顔]'

'발등에 불이 떨어지다'와 'しりにひがつく[尻に火が付く]'

'발이 넓다'와
'かおがひろい[顔が広い]'

이번 일은
누가 맡는 게
좋을까요?

음. 지민 씨가
발이 넓으니까

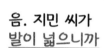

각 분야의
의견을
잘 모을 수 있을
것 같은데요.

지민 씨가 예술계의
마당발이라는 걸
깜박했네요.

사귀어 아는 사람이 많아 활동하는 범위가 넓다는 의미로 '발이 넓다'를 쓴다. 그리고 그런 능력을 가진 사람을 '마당발'이라 한다. '마당'은 집의 앞이나 뒤에 평평하게 닦아 놓은 땅이다. 마당만큼 넓은 발을 한번 상상해 보자.

예문

≋ 유나는 마당발이에요.

≋ 혜교는 마당발이라 국제적으로 아는 사람이 꽤 많다.

≋ 어제 모임에서 보니, 의외로 영은이 어머니가 꽤 발이 넓은 것 같았어요.

일본에서는 교제나 인간관계가 넓은 경우, '발'이 아니라 '얼굴'을 말한다. 그래서 'かおがひろい[顔が広い]'라고 한다. 한국어로 직역하면 '얼굴이 넓다'이지만 한국어 표현에서 '발이 넓다'가 실제로 발이 넓은 것을 말하는 것이 아니듯이 '顔が広い'도 얼굴의 넓이가 남보다 아주 넓은 것이 아니다.

'顔が広い'와 비슷한 뜻으로 知り合いが多い[しりあいがおおい], せけんがひろい[世間が広い]라는 표현도 있다.

예문

≋ 彼女は顔が広くて、色々な分野に知り合いがたくさんいます。

그 여자는 발이 넓어서 여러 분야에 아는 사람이 많습니다.

한국인은 활동 범위의 측면에서 신체의 '발'을 가져다 표현하지만 일본인은 보이는 '얼굴'에 초점을 둔 것이다.

🚶 한 걸음 더! *one more step*

'발이 넓다' 대신 '발이 너르다'를 쓸 수 있다. 뜻은 서로 같지만 '발이 넓다'가 더 자주 쓰인다. '발이 넓다'의 반대 의미로 '발이 좁다'가 있다.

한국어에서 아는 사람이 많은 것을 뜻하는 다른 표현으로 '안면이 넓다'는 말을 하기도 하지만, '얼굴이 넓다'고는 하지 않는다.

'안면'은 한자어인데, '얼굴 안顔' 자에 '면 면面' 자로 눈, 코, 입이 있는 머리의 앞면을 나타낸다.

> ✎ 효리가 출판업계에서는 발이 좀 넓은 편일 거예요.
> ✎ 발이 좁고 소심한 그가 마케팅부로 이동을 신청해서 모두들 놀랐다.
> ✎ 꽤 안면이 넓다는 영자 씨도 이 일만큼은 부탁할 사람이 없었다.

'눈에 차다'와 'きにいる[気に入る]'

어제 소개팅은 어땠어?

집안과 성격이 좋다고 해서 나갔는데 손이 마음에 안 들더라.

그래서 다시 안 만날 거야.

도대체 무슨 소리를 하는 거야? 그렇게 고르면 네 눈에 차는 사람은 없을 거야.

'눈에 차다'는 무엇[사물, 사람]이 만족할 만큼 마음에 드는 것을 말한다. 그 대상이 사물, 사람일 수도 있고, 그 사람의 행위일 수도 있다.

예문

✎ 경험도 없는 내가 그 사람의 눈에 차기나 하겠어요?

✎ 눈에 차면 너무 비싸고, 싼 것은 마음에 안 들어요.

일본어에서는 '마음에 들다'는 말 그대로 きにいる[気に入る]가 쓰인다. 여기서 기氣는 바로 마음[心]을 나타낸다.

예문

✎ このカメラが気に入ったのなら、君にあげてもいいよ。

이 카메라가 마음에 들면 네가 가져도 좋아.

✎ 母は、一人息子という点が気に入りませんでした。

어머니는 외아들이라는 것을 마음에 들어 하지 않으셨어요.

일본어에는 '마음이 어떠하다'고 말할 때, 心[こころ;마음] 외에 기氣와 연결된 표현이 꽤 많다.

예를 들면, 마음이 맞다 ;きがあう[気が合う], 마음이 편하다 ;きがらくだ[気が楽だ]/きやすい[気安い], 변덕스럽다(마음이 잘 변하다) ;きがおおい[気が多い] 등이 있다. 일본어에서 기氣는 마음뿐 아니라, 생각, 정신, 성미, 관심, 신경쓰임, 인간성을 나타낼 때도 쓰인다.

'마음이 무겁다'와
'きがおもい[気が重い]'

'마음이 무겁다'는 말은 걱정이나 부담 등으로 마음이 편하지 못할 때 쓴다. 우리는 마음의 무게를 잴 수는 없지만, '마음이 무겁다'라는 말에서 눈에 보이지 않는 마음의 무게를 느낀다.

예문

- 선배에게 늘 신세를 지는 것 같아 마음이 무거워요.
- 그날 나는 돌덩이를 올려놓은 것처럼 마음이 무거웠다.

일본어에서 마음에 걸리고 걱정이 될 때, '気が重い'이 대신 상황에 따라 きになる[気になる], きにかかる[気に掛かる]를 쓰기도 한다.

예문

- 今日は試験がある日だと考えただけでも気が重くなる。

  오늘은 시험이 있는 날이라 생각만 해도 마음이 무겁다.

- せっかくの旅行なのに、妹の体調がすぐれず気が重いです。

  모처럼 여행을 왔는데도 언니가 아파서 마음이 무겁습니다.

걱정스럽고 불편한 상황에서 벗어났다면 '마음이 가볍다' 또는 '홀가분하다'라고 말하면 된다. 이 표현은 한일 양국이 거의 비슷하다.

> ✎ 일단 어려운 문제가 해결되어서 마음이 한결 가벼워졌
> 어요.
>
> ✎ それを聞いて気が軽くなった。
> 그 말을 듣고 마음이 가벼워졌다.

'사족을 못 쓰다'와 'めがない[目がない]'

오늘 월급날이니까 맛있는 거 먹어요.

정은 씨는 뭐 좋아해요?

저는 회라면 사족을 못 써요.

혹시 여러분은 평소와 달리 좋아하는 사람 앞에서 말도 제대로 못하거나 상대 앞에 서지도 못한 적은 없나요? 또 자신이 좋아하는 연예인을 직접 만난 기쁨에 쓰러졌다는 이야기를 들어본 적은 없나요? 이처럼 정신적으로 좋아하는 것이 육체적으로도 영향을 준다는 것을 알 수 있다. 이런 관계를 알게 해 주는 표현 중의 하나가 바로 '사족을 못 쓰다'이다.

'사족을 못 쓰다'는 어떤 것을 아주 좋아해서 두 팔과 두 다리가 꼼짝 못한다는 뜻이다. 그 좋아하는 정도가 얼마만큼 큰지 알 수 있다.

예문
- 아버지는 단팥빵이라면 사족을 못 쓰세요.
- 우리 오빠는 술이라면 사족을 못 써서 큰일이에요.

일본어 표현에도 한국어와 마찬가지로 좋아하는 것에 대해 신체가 영향을 받는 것을 알 수 있다. 일본에서는 'めがない[目がない]' 즉 '눈이 없다'고 말한다. '매우 좋아하다'를 그냥 '大好きだ'라고 해도 되겠지만 눈이 없어질 정도라니 그 표현이 재미있다.

⟿ 私は甘いものときたら目がない。

나는 단 것이라면 사족을 못 써요.

⟿ 私の父はアンパンに目がありません。

우리 아버지는 단팥빵을 매우 좋아합니다.

한 걸음 더! *one more step*

'사족四足'은 원래 짐승의 네 발이다. 사람의 두 팔과 두 다리를 '사지四肢'라고 한다.

정확하게 언제부터, 왜, 사람의 두 팔과 두 다리를 '사족'이라 하여 '사족을 못 쓴다'는 표현이 생겼는지는 알 수 없다. 사람이 기르는 가축 중에 네 발 달린 짐승이 우리 삶의 터전에서 그만큼 가깝다는 것을 보여주는 듯하다.

연습문제 01

[1-2] 다음 글을 읽고 물음에 답하시오.

> 최 회장은 딸과 함께 온 사윗감을 보자 (㉮) 듯 얼굴이 안 좋아졌다. 딸인 윤정이도 그런 어머니의 모습에 왠지 (㉯).

1. ㉮에 알맞은 말을 고르시오.

   1) 입이 무거운
   2) 눈이 높은
   3) 입만 산
   4) 눈에 차지 않는

2. ㉯에 알맞은 말을 고르시오.

   1) 얼굴이 홍당무가 되었다
   2) 마음이 무거워졌다
   3) 얼굴이 두꺼워졌다
   4) 마음이 두근거렸다

[3] 다음 밑줄 친 부분과 바꿔 쓸 수 있는 표현은 무엇입니까?

> 유스 씨는 K-POP이라면 <u>무척 좋아하니까</u> 콘서트 티켓을 주면 어떨까?

   1) 눈치가 빠르니까
   2) 팔짱을 끼니까
   3) 사족을 못 쓰니까
   4) 귀가 얇으니까

[4] 문장에 맞는 관용어를 찾아 ___ 에 써 넣으시오.

> 손이 크다, 마음이 가볍다, 발이 넓다, 마음이 무겁다,
> 발이 좁다, 가슴이 아프다, 눈이 많다, 사족을 못 쓰다

    1) IT산업 분야에 ___ 사람을 좀 소개시켜 주시겠어요?

    2) 할아버지는 돈이라면 _____ 졸부였지만
       나라를 망치는 부정한 돈은 결코 받지 않았다.

[5] 1과부터 4과에서 배운 것 중에서 다음의 뜻을 가진 표현을 쓰시오.

    1) 아는 사람이 많은 사람 :

    2) 마음에 들다 :

    3) 매우 좋아하다 :

정답

1.4) 2.2) 3.3) 4.1)발이 넓은 2)사족을 못 쓰는 5.1)마당발
2)눈에 차다 3)사족을 못 쓰다

'머리를 모으다/맞대다'와
'ひたいをあつめる[額を集める]'

‘머리’라는 것은 ‘생각의 밭’이고 ‘지혜의 샘’이다. 그래서 ‘머리를 모은다’는 것은 여러 사람들이 무엇을 위해 ‘지혜’와 ‘생각’을 모으는 행위이다. 머리를 모음으로써 서로 창의적인 생각과 의견을 종합할 수 있다.

　같은 뜻으로 ‘이마를 마주하다[맞대다]’를 한국에서도 쓰지만 ‘머리를 모으다’가 더 많이 쓰인다.

예문

≋ 머리를 모은 결과가 이것인가요?

≋ 직원들이 지금 머리를 모으고 이 사태에 대해 논의를 하고 있어요.

　일본어에서는 ‘頭を集める’를 쓰지 않고 ‘이마를 모으다 ; ひたいをあつめる[額を集める]’로 표현하여 같은 뜻을 나타낸다. 실제로 여러 사람이 머리를 한 곳으로 모으면 자연스럽게 서로의 이마가 맞닿게 된다. 그래서 머리를 모으는 것은 이마를 모으는 것과 같다.

예문

≋ 非常事態なので、みんなで額を集めて意見を出し合ってみよう。

　비상상황이니 모두 머리를 모아 보자!

✎ いくら額を集めて相談しても解決策が出ません。

アムリ 이마를 맞대고 의논해도 해결책이 나오지 않습니다.

머리를 모아서 지혜를 짜낸다는 말로 '머리를 짜내다'라는 표현도 쓴다.

✎ 학생들은 뾰족한 방법이 나올 때까지 머리를 짜내는 중이다.

'얼굴이 홍당무가 되다'와
'かおからひがでる[顔から火が出る]'

저기 좀
보세요.

갑자기 상희 씨
<u>얼굴이 홍당무가
되었어요.</u>

아직 프레젠테이션을
시작도 안 했는데
큰일이네요.

곧 괜찮아질 거예요.
처음으로 많은 사람
앞에서 발표를 하게
되어서 그런가 봐요.

'홍당무'는 우리가 잘 아는 당근이다. 당근은 색깔이 붉고 무와 비슷하다고 해서 홍당무라 한다. '얼굴이 홍당무가 되었다'는 것은 '얼굴이 빨개졌다'는 것이고, 부끄럽고 민망한 상태를 나타낸다. 얼굴 대신 낯바닥을 써서 '낯바닥이 홍당무 같다'고도 한다.

예문

- 친구들이 놀리자 지희의 얼굴은 홍당무가 되고 말았다.
- 평소 말 잘하는 민수도 좋아하는 여자 앞에만 서면 얼굴이 홍당무가 되어 한마디도 못 한다.
- 상후가 슬며시 혜리의 손을 잡자 (혜리는) 얼굴이 빨개졌다/붉어졌다.

일본어 표현 'かおからひがでる[顔から火が出る]'를 직역하면 '얼굴에 불이 나다'이다. 이 말은 부끄럽고 민망한 정도를 잘 표현한 것 같다.

예문

- あの時, 本音がばれた私は顔から火が出るほど恥ずかしかったです。

  그때 속마음을 들킨 나는 얼굴이 빨개질 정도로 창피했습니다.

> ✎ 私は舞台で転ぶと、途端に顔が真っ赤になった。
>
> 나는 무대에서 넘어지자 순간 얼굴이 새빨개졌다.

부끄럽고 민망한 감정이 밖으로 드러나지 않는다면 아마도 '홍당무가 되다', '얼굴이 빨개지다, 붉어지다'는 말은 생겨나지 않았을 것이다. 그리고 홍당무가 없었다면 그런 말도 생기지 않았을 것이다.

이처럼 언어란 우리 생활과 떼려야 뗄 수 없는 관계임을 알 수 있다.

'코끝이 찡하다'와 'むねをうたれる[胸を打たれる]'

고향에 돌아오니 어때요?

버스에서 내리는 순간 <u>코끝이 찡했어요.</u>

그럴 만도 하죠. 고향을 떠난 지 20년 만이니까요.

우리가 고추냉이를 먹거나 탄산음료를 마실 때 톡 쏘는 느낌을 받는다. 그러나 '코끝이 찡하다'는 것은 그런 단순한 느낌이 아니다. 비록 외부적인 감각 기관인 코가 찡하다고 했지만 그것은 가슴으로 느끼는 그 '무엇'이다. 그 것은 감격, 슬픔, 안타까움 등의 감정, 감동을 말한다. '가슴이 찡하다'와 바꿔 쓸 수 있다.

예문

- 그 남자는 러시아에서 듣는 아리랑 노래에 코끝이 찡했다.
- 태극기가 게양되고 애국가가 울려 퍼지자 나도 모르게 코끝이 찡했다.

むねをうたれる[胸を打たれる]라는 말을 보면, 칠 타打 자가 쓰였다. 이 말에는 크게 두 가지 뜻이 있다. 첫째는 '감격하다, 가슴이 찡하다'는 것이고 둘째는 '놀라다, 충격을 받다'는 뜻이다. 여기서는 첫째 뜻으로 보자.

한국어에도 '가슴을 치다'라는 말이 있다. 이 말은 원통하거나 안타깝거나 괴로울 때 쓰는 표현으로 '코끝이 찡하다'와는 뜻이 다르다.

☜悲しい話に胸を打たれた。

슬픈 이야기에 가슴이 찡했다.

☜悲しい話にじんとした。

슬픈 이야기에 마음이 찡했다.

한 걸음 더! one more step

'코'는 얼굴에서 가장 중앙에 있다. 코끝은 말 그대로 코의 끝 부분을 말한다. 코의 구체적인 부위에 따라 코허리, 콧날, 콧등, 콧마루 같은 말을 쓴다. '코허리가 시다', '콧날이 시큰하다', '콧날이 시큰거리다', '콧마루가 찡하다' 는 말도 있는데, 이러한 표현은 모두 '가슴이 찡하다'는 뜻과 비슷하다.

'입이 무겁다'와 'くちがかたい[口が堅い]'

비밀인데, 말을 할까?

나 못 믿는 거야? 내가 얼마나 <u>입이 무겁다구.</u>

네가 입이 가벼운 남자는 아니라는 걸 알지만....

앞의 대화문에서 '입이 무겁다'는 것은 '비밀을 잘 지키다' 또는 '자신이 알고 있는 내용을 다른 사람에게 함부로 전하지 않다'는 뜻으로 쓰였다. 그런 사람을 일컬어 '입이 무거운 사람'이라 한다. 그 반대는 '입이 가벼운 사람'이다.

'입이 무거운 사람'을 '과묵한 사람, 말수가 적은 사람'이라고도 한다. 이 경우는 '비밀을 잘 지킨다'는 의미보다는 다른 사람과 비교해 '말이 적은 사람'을 뜻한다. 수다스럽지 않고 조용한 사람이라는 뜻에 가깝다.

예문

- 나는 입이 무거우니까 나한테 말해도 괜찮아.
- 제이 씨는 입이 무거운 사람이 아니니까 이 일은 절대 제이 씨에게 말하지 마세요.
- 뭐야? 내가 입이 가볍다고?

한국어 '입이 무겁다'의 첫째 뜻에 해당하는 일본어는 'くちがおもい [口が重い]'가 아니다. 이 말은 과묵하고 말수가 적은 것을 나타낸다. 그야말로 입이 무거워 비밀을 잘 지키는 경우는 'くちがかたい [口が堅い]'를 쓴다. '단단하다, 굳다'를 뜻하는 '견堅' 자를 썼다는 것을 눈여겨보자. 단순히 무거워서 비밀을 잘 지키는 것이 아니라 '입이 단단하여 절대 비밀을 발설하지 않을 입'이라는 것이다.

≋ あなたは口が堅いから、悩みを打ち明けても いいよね。

입이 무거우니까 너에게 내 고민을 털어놓을게.

≋ 私は口が堅いので大丈夫です。

나는 입이 무거우니까 괜찮아요.

≋ 彼らは口が堅くてインタビューの時に苦労しました。

그 사람들은 정말 말이 없어서 인터뷰할 때 곤란했습니다.

🧍 한 걸음 더! *one more step*

입이 가벼운 경우, '입이 싸다', '입이 헤프다'는 말도 쓴다.

≋ 나는 그 사람 못 믿어! 워낙 입이 싸서 금방 소문이 날 거야.

≋ 이 바닥에서 입이 헤프면 살아남지 못하니까 입 조심 해!

연습문제 02

[1-2] 다음 글을 읽고 물음에 답하시오.

> 이번 프로젝트의 성공은 팀장을 믿고 팀원 모두가
> (㉮) 결과였다. 팀장은 그때서야 꺼 두었던 휴대폰
> 을 켰다. 첫 화면의 가족사진을 보자마자 자신도 모르
> 게 (㉯).

1. ㉮에 알맞은 말을 고르시오.

    1) 발이 넓은   2) 머리를 모은

    3) 발이 빠른   4) 머리를 숙인

2. ㉯에 알맞은 말을 고르시오.

    1) 콧대가 높아졌다   2) 손에 땀을 쥐었다

    3) 코끝이 찡했다   4) 손을 내밀었다

**[3] 다음 밑줄 친 부분과 바꿔 쓸 수 있는 표현은 무엇입니
까?**

> 뚜이 씨는 자신이 좋아하는 한국 가수를 보자 순식간
> 에 <u>얼굴이 빨개졌다.</u>

    1) 가슴이 철렁했다   2) 얼굴이 홍당무가 되었다

    3) 가슴을 앓다   4) 얼굴을 맞대었다

[4] 문장에 맞는 관용어를 찾아 ___에 써 넣으시오.

> 배가 아프다, 머리를 맞대다, 입이 무겁다,
> 엉덩이가 무겁다, 손이 작다

1) 그 여자는 _____ 때문에 절대로 남에게 말하지 않을 거예요.

2) 지금이야말로 _____ 일해야 할 때이다.

[5] 제시된 표현을 넣어 문장을 만드시오.

1) 코끝이 찡하다 :

2) 얼굴이 홍당무가 되다 :

정답

1.2) 2.3) 3.2) 4.1)입이 무겁기 2)머리를 맞대고

41

'손을 쓸 수 없다'와
'てもあしもでない[手も足も出ない]'

'손'은 인간이 가장 활발하게 움직일 수 있는 신체 기관의 하나이다. 자신의 손을 원하는 대로 움직일 수 없다는 것은 어떤 것을 할 수 없음을 나타낸다. 즉 '자신의 능력으로는 어떻게 할 수 없다'는 의미이다.

'손을 쓸 수 있다'는 것은 대책을 세울 수 있고, 조치를 취할 수 있음을 말한다. 반대로 '손을 쓸 수 없다'는 것은 어찌해 볼 도리가 없는 즉 꼼짝할 수 없는 상태를 나타낸다.

예문

☙ 죄송하지만, 저로서는 이제 손을 쓸 수 없을 것 같습니다.

☙ 홍수로 그곳 주민들은 손도 쓸 수 없이 꼼짝 못하고 갇혀 있어요. 빨리 구조를 요청해야겠어요.

일본어 'てもあしもでない[手も足も出ない]'란 표현은 손뿐만 아니라 발도 쓸 수 없는 상태를 나타낸다.

예문

☙ こんなに難しい問題、手も足も出ないよ。
이렇게 어려운 문제는 어찌해 볼 도리가 없어.

☙ 相手が強すぎて手も足も出なかった。
상대가 너무 강해서 꼼짝도 못 했어.

43

위 일본어 예문처럼 '손도 발도 쓸 수 없다'는 한국어 직역보다는 '어찌해 볼 도리가 없다'거나 '꼼짝 할 수 없다'는 말이 더 자연스러운 경우가 많다. 경우에 따라 '손을 못 대다'라는 표현도 쓴다.

'엉덩이가 무겁다'와
'こしがおもい[腰が重い]'

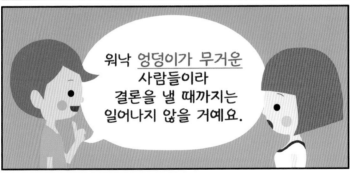

한국에서도 이 표현을 잘못 알고 쓰는 사람이 많다. '엉덩이가 무겁다'는 말은 한자리에 참을성 있게 오랫동안 있다는 뜻이다. 그런데 자칫 일본어의 'こしがおもい[腰が重い]'와 같은 뜻으로 착각하기 쉽다. 그래서 흔히 '너는 엉덩이가 왜 그렇게 무거운 거야' 라고 해서 행동이 느릴 때 써 버리는 오류를 범한다. 한국어 '엉덩이가 무겁다'라는 말에는 긍정적인 의미가 있지만 일본어 'こしがおもい[腰が重い]'는 부정적인 뜻이 들어 있다.

예문

✎ 모름지기 성공하려면 엉덩이가 무거워야 한다.

✎ 연구하는 사람이 엉덩이가 무거워야지 그렇게 가볍게 행동하면 안 되는 거야.

'こしがおもい[腰が重い]'는 '행동이 굼뜨다'는 말이다.

예문

✎ いつもは腰が重い彼女だが、ショッピングする日だけは違う。

평소 행동이 굼뜬 그녀이지만, 쇼핑하는 날만은 다르다.

✎ 彼は腰が重く、なかなか仕事に取り掛かりません。

그 남자는 행동이 굼떠서 좀처럼 일을 시작하지 않아요.

✎ 腰が重い = 腰が重たい

'엉덩이가 무겁다'는 자기 자신을 표현할 때는 잘 쓰지 않는다. '나는 엉덩이가 무거운 사람입니다'라고 스스로 말하지 않는다는 것이다. 왜냐하면 한국인도 일본인만큼 남에게 자기 자신의 장점이나 좋은 점, 자신을 드러내는 데에는 익숙하지 않기 때문이다. 남이 참을성 있고 끈기가 있을 때 그 사람을 칭찬하거나 긍정적으로 판단할 때 이 말은 쓰인다.

'오리발을 내밀다'와
'すずしいかお[涼しい顔]'

'오리발을 내밀다/내놓다'는 어떤 사실을 알면서도 모르는 체하거나 해 놓고도 안 한 척 딴청을 부린다는 뜻이다. 이것은 '닭 잡아먹고 오리발 내놓는다'라는 속담에서 유래했다. 분명히 닭을 잡아먹은 것을 알고 있는데, 자신은 닭을 잡아먹은 것이 아니라 오리를 잡아먹었다고 잡아떼거나 딴전을 부리는 것을 빗댄 속담이다. 지금은 앞의 말은 생략하고 '오리발을 내밀다'로 쓰인다. 다른 말로 '시치미를 떼다'도 많이 쓴다.

예문

- 그렇게 오리발을 내민다고 누가 모를 줄 아니?
- 함께 일을 해 놓고서는 일이 잘못되니까 자기는 아는 바 없다고 오리발을 내밀더군요. 기가 막혀요.
- 구 대리는 검찰 조사에서도 사장이 지시한 바가 없다고 오리발을 내밀었다.

한국어 '오리발을 내밀다'는 말도 재미있지만 일본어 'すずしいかお[涼しい顔]'도 재미있다. 모르는 척, 안한 척 '태연한 얼굴'을 나타낸다.

예문

- 彼はあんなに人に迷惑をかけておいて涼しい顔をしているの。

그 사람은 그렇게 남에게 폐를 끼쳐 놓고 모르는 체하는 거야?

🖌 弟は涼しい顔をして嘘をついている。
남동생은 태연한 얼굴로 거짓말을 하고 있다.

🚶 한 걸음 더! _one more step_

모르는 체하거나 딴청 부린다는 말로 '시치미를 떼다'는 말이 있다. 시치미란 매의 주인이 주소를 적어 매 꼬리 위의 털 속에다 매어 둔 표시이다. 그런데 매를 훔친 사람이 이 시치미를 떼어 내고 자기 매인 것처럼 행세한 일이 있었는데, 이 말은 거기에서 나왔다.

'발등에 불이 떨어지다'와
'しりにひがつく[尻に火が付く]'

발등에 불이 떨어졌다고 상상해 보자. 얼마나 뜨겁겠는가. 빨리 불을 꺼야 하는 다급한 상황이다. 그처럼 어떤 일이 몹시 절박하게 닥쳤을 때 우리는 '발등에 불이 떨어지다'라는 표현을 쓴다. 그러한 급한 일을 '발등의 불' 또는 '발등에 떨어진 불'이라 한다.

예문
- 내 발등에 불이 떨어졌는데 누구를 도와줄 여유가 없어요.
- 우선 발등에 떨어진 불부터 끄고 그 다음을 생각해 보자.
- 이제 세계적으로도 북한 핵문제는 발등의 불이 된 것 같다.

'しりにひがつく[尻に火が付く]'를 직역하면 '엉덩이에 불이 붙다'인데 발등에 불이 떨어진 상황과 일치한다. 다만 한국어 표현에는 '발등', 일본어 표현에는 '엉덩이;尻'를 쓴 것이 다르다.

예문
- すでに尻に火がついた状態です。
  이미 발등에 불이 떨어진 상태입니다.

✎ 問題点は尻に火が付くまで仕事を始めないことです。

문제점은 발등에 불이 떨어질 때까지 일을 시작하지 않는 거예요.

🚶 한 걸음 더! *one more step*

뜨거움을 느끼고도 느긋해 할 사람은 극히 드물다. 그래서 '불'이라는 낱말을 썼을 것이다. 그런 맥락에서 좀처럼 다급함을 모르고 움직이지 않는 사람에게 '뜨거운 맛을 봐야 정신을 차린다'는 말까지 쓰인다.

연습문제 03

[1-2] 다음 글을 읽고 물음에 답하시오.

A 씨가 사고 현장에 가 보았을 때는 이미 (㉮) 지경이었다. 그런데도 전임 관리부장은 이번 사고가 자신과는 아무 관계가 없다는 듯 (㉯) 있다.

1. ㉮에 알맞은 말을 고르시오.

    1) 손을 쓸 수 없을   2) 발이 빠를

    3) 손이 모자라는   4) 발이 넓을

2. ㉯에 알맞은 말을 고르시오.

    1) 코가 납작해져   2) 발을 동동 구르고

    3) 코끝이 찡해졌다   4) 오리발을 내밀고

[3] 다음 밑줄 친 부분과 바꿔 쓸 수 있는 표현은 무엇입니까?

미려는 그 일을 알면서도 아무것도 모른다고 <u>시치미를 떼고 있다.</u>

    1) 몸살을 앓고 있다   2) 몸을 아끼고 있다

    3) 오리발을 내밀고 있다   4) 등을 떠밀고 있다

[4] 문장에 맞는 관용어를 찾아 ___에 써 넣으시오.

눈에 들다, 엉덩이가 무겁다, 손이 무겁다,
마음이 무겁다, 발등에 불이 떨어지다

1) _____야만 공부하는 습성은 버려야 한다.

2) 이 연구는 _____ 사람이 유리할 거야.

[5] 제시된 표현을 넣어 문장을 만드시오.

1) 입이 싸다 :

2) 발등의 불 :

정답

1.1) 2.4) 3.3) 4.1)발등에 불이 떨어져 2)엉덩이가 무거운

2부

아하,
그렇구나

'얼굴을 보다'

'눈이 많다'

'눈을 붙이다'

'입이 짧다'

'입만 살다'

'귀가 얇다'

'코에 붙이다'

'손이 크다'

'손발이 맞다'

'가슴이 철렁하다'

'배가 아프다'

'허리(띠)를 졸라매다'

'애(가) 타다/애(를) 태우다'

'애(를) 먹다'

'간에 기별도 안 가다'

'입이 귀에 걸리다'

'눈에 넣어도 아프지 않다'

'얼굴을 보다'

상의도 없이
이렇게 하면
곤란하잖아.

죄송해요.
회장인 제 <u>얼굴을</u>
<u>봐서라도</u> 좀 도와주시면
안 될까요?

이번 한 번뿐이야.
그 이상은 안 돼.

네. 정말 감사해요.
이제야 살 것 같아요.

'얼굴'은 체면體面과 연결되는 경우가 많다. '얼굴을 보다'는 다른 사람 앞에서 자신의 체면이 깎이지 않도록 처지나 상황을 생각해 달라는 뜻이다. 즉 '체면을 생각하다'는 말이다. 주로 '누구의 얼굴을 봐서', '누구의 얼굴을 봐서라도'와 같이 쓰인다.

예문

◎. 내 얼굴을 봐서라도 우리 못난 아들을 용서해 주게.

◎. 네 형의 얼굴을 봐서라도 형수한테 존대를 해 줘야 하는 거 아냐?

◎. 자네 부인의 얼굴을 봐서 이번에는 눈 감아 주겠네.

한 걸음 더! *one more step*

'얼굴을 보다'는 '낯을 보다'라는 말과 같다. 얼굴의 바닥이 '낯'이고 '면面'이다. 그래서 얼굴의 한자어는 안면顔面이다. 낯의 어원적 의미는 '겉'이다.

'낯을 봐서', '낯을 봐서라도'와 같이 쓰인다.

예문

◎. 선생님의 낯을 봐서라도 나에게 그렇게 말하면 안 되는 거잖아.

◎. 네 낯을 봐서 내가 이번에는 참지만 가서 아버지께 잘 말씀드려라.

'눈이 많다'

땀을 그렇게 뻘뻘 흘리면서 어디 갔다 왔어요?

응, 네가 팥빙수 먹고 싶다고 했잖아? 그래서 내가 사 가지고 왔어. 몸도 무거우니까 내가 먹여 줄게.

여기는 우리 안방도 아니고 눈이 이렇게 많은데, 내가 먹을게요.

'눈이 많다'는 것은 보는 사람이 여럿이다, 많다는 말이다. 다른 사람의 이목耳目이 신경 쓰일 때 쓴다.

예문

- 최근 한국에서도 보는 눈이 많은 곳에서 거리낌 없이 애정을 표현하는 젊은이들을 볼 수 있다.
- 사진사와 작가 두 명이라고 하지 않았어요? 눈이 많아서 비키니는 못 입겠어요.
- 그 남자는 보는 눈이 많다는 것을 알아채고 하던 짓을 그만두었다.

한 걸음 더! *one more step*

다른 사람의 이목이 신경 쓰이지 않는다고 해서 '눈이 적다'라는 표현은 쓰지 않는다.

'눈을 붙이다'

너 아까부터 졸고 있던데, 그 도표 엉망이잖아.

꾸벅 꾸벅

내일까지 과제물을 제출해야 해서 어제 밤을 새웠더니 자꾸 졸리네.

내가 도표 만들 때까지 잠깐이라도 <u>눈 좀 붙여</u>.

우와. 고마워. 너밖에 없어.

'눈을 붙이다'는 잠을 잔다는 뜻이다. 그런데 그 시간은 일반적으로 잠깐 동안을 말한다.

예문

- 마감 날짜가 코앞이라 그녀는 눈 붙일 겨를도 없이 일하고 있다.
- 다음 휴게소에서 잠시 눈 좀 붙이세요. 그러다가 사고 나겠어요.
- 신기하게도 단지 10분간 눈을 붙였는데도 정신이 말짱해졌어요.

한 걸음 더! one more step

대화문에 나오는 '졸리다'는 말도 '눈'이라는 낱말을 써서 '눈이 감기다'라고도 한다. 졸리는 상태는 자기 의지와 상관없이 어떤 이유에서 이루어지기 때문에 '눈을 감다'라는 능동형이 아니라 피동형을 쓴다.

- 眠くて目が開かない。
  졸려서 눈이 감기다.

'입이 짧다'

'입'은 말하는 것과 함께 먹는 것과도 밀접한 관계가 있는 인체 기관이다. '입이 짧다'는 것은 짧다는 어감에서 알 수 있듯이 부정적인 뜻을 가지는데, 음식을 적게 먹거나 가려 먹는 버릇이 있음을 나타낸다. 아무 음식이나 잘 먹지 않고 식성이 까다롭다는 말이다.

예문

- 그 사람은 입이 짧아서 안 먹는 음식도 많고, 한 번 먹은 반찬은 다시 잘 안 먹는다.
- 네 남자 친구는 다 좋은데 입이 짧아서 흠인 것 같아.
- 나는 입 짧은 사람보다는 차라리 대식가가 낫다고 생각해.

한 걸음 더! one more step

'대식가'는 보통 사람보다 음식을 많이 먹는 사람을 말한다. 반대로 적게 먹는 사람을 '소식가'라고 부른다. 그리고 음식을 가려 먹는 행위를 '편식'이라 한다.

- 이모는 보기 드문 대식가이지만 균형미를 갖추고 있어서 부러움을 산다.
- 아이돌 스타들은 모두 소식가이지 않나요?
- 편식은 건강에 해로우니까 골고루 먹어라.

'입만 살다'

'입만 살다'는 말은 잘 하지만 행동은 하지 않는다는 뜻이다. 그래서 실속 없이 말만 그럴듯하게 할 때, '입만 살았다'라고 한다.

예문

- 너는 말은 참 잘하는데, 그걸 실천에 옮기지를 않니? 입만 살았어.
- 판 씨는 아무 능력도 없으면서 입만 살아서 큰소리를 친다.
- 나는 입만 살아있는 박 과장보다 묵묵히 결과를 가져오는 이 대리가 낫다고 보네.

한 걸음 더! *one more step*

'입만 살다'와 똑같은 뜻으로 '입만 성하다'도 있으나 지금은 잘 쓰지 않는다.

- 그 여자는 내 놓을 것이 하나도 없으면서도 입만 성해 계속 지껄이고 있었다.

연습문제 04

[1-2] 다음 글을 읽고 물음에 답하시오.

혜린이는 코코 씨가 (㉮) 곳에서 자신에게 부탁하는 것이 못마땅했다. 늘 코코 씨는 책임은 지지 않고 (㉯) 이곳저곳에 떠들어 대는 사람이라는 것을 잘 알고 있었기 때문이다.

1. ㉮에 알맞은 말을 고르시오.

    1) 턱걸이를 하는   2) 등을 돌리는

    3) 코웃음을 치는   4) 눈이 많은

2. ㉯에 알맞은 말을 고르시오.

    1) 입만 살아서   2) 입이 커서

    3) 발이 넓어서   4) 발이 빨라서

[3] 다음 밑줄 친 부분과 바꿔 쓸 수 있는 표현은 무엇입니까?

선생님, 제 체면을 생각해서라도 제발 이 일을 해결해 주시면 안 되겠습니까?

    1) 얼굴을 들고서라도   2) 얼굴을 봐서라도

    3) 목에 힘을 줘서라도   4) 목이 빠지게 기다려서라도

[4] 문장에 맞는 관용어를 찾아 ___에 써 넣으시오.

귀가 아프다, 입이 귀에 걸리다, 입이 짧다

눈앞이 캄캄하다, 눈을 붙이다

1) 너무 피곤할 때는 잠깐 _____ 피로회복에
   도움이 된다.

2) 가족 중 한 사람이라도 ____음식 하는 사람이
   고생이래요.

[5] 제시된 어휘나 표현을 넣어 문장을 만드시오.

1) 대식가 :

2) 입만 살다 :

'귀가 얇다'

'귀'는 듣는 것과 연관된다. '귀가 얇다'는 남이 하는 말을 쉽게 잘 믿다, 남의 말을 그대로 잘 따른다는 뜻이다.

예문

- 그 녀석은 너무 착한 데다가 귀가 얇아서 옆에서 하는 말을 잘 믿어 버린다.
- 귀가 얇은 순이는 나쁜 친구들의 말에 잘 속아 넘어간다.
- 나도 어지간히 귀가 얇은가 보다. 벌써 세 번째로 쓰지도 않는 물건을 좋다는 말에 사고 말았다.

한 걸음 더! *one more step*

'귀가 얇다'와 비슷한 말로 '귀가 여리다', '귀가 무르다', '귓구멍이 넓다'가 있다.

'귀'에 대해서 관상학에서는 대개 귀가 작은 것보다 귀가 크고 두툼한 것을 좋게 본다. 부처님 귀를 떠올리면 될 것이다.

'코에 붙이다'

‘코에 붙이다’는 나누어야 할 물건이 너무 적은 것을 말한다. 특히 음식의 양이 적을 때 자주 쓴다. 보통 ‘누구 코에 붙이다’의 형태로 쓰인다.

예문

☞ 아이들이 이렇게 많은데 겨우 과일 한 봉지로 누구 코에 붙이겠어?

☞ 네가 한우를 가져온다고 해서 우리가 기다렸는데 이걸 누구 코에 붙이라는 거야. 나 혼자 먹어도 모자라겠다.

🧍 한 걸음 더! *one more step*

‘코에 붙이다’와 같은 뜻으로 ‘코에 바르다’가 있다. 우리가 입으로 음식을 먹지만 ‘코’를 연결한 표현이다. ‘입’과 연결시켜 ‘입에 붙이다’는 표현이 없는 것은 아니다. ‘코에 붙이다’나 ‘코에 바르다’는 음식뿐 아니라 물건을 두고도 쓸 수 있다. 그러나 ‘입에 붙이다’는 음식의 양을 말할 때만 쓰인다. 오늘날에는 ‘코에 붙이다’를 쓰는 빈도가 높다.

'손이 크다'

와~ 맛있는 냄새가 집안 가득하네.

당신 생일이니까 모처럼 솜씨를 발휘했죠.

그런데 뭘 이렇게 많이 했어. 당신 손이 너무 크단 말야.

주말에 아버님 댁에도 가져가려고 좀 많이 했을 뿐이에요.

'손이 크다'는 어떤 것을 만들거나 어떤 행위를 할 때 씀씀이가 넉넉한 것을 말한다. 주로 물건을 구입하거나 음식 등을 준비할 때, 필요한 양보다 많이 사거나 만들 경우에 쓴다.

예문

✎ 손이 큰 며느리 덕에 생활비가 예전보다 두 배로 들어요.

✎ 사장은 손이 좀 커야 직원들이 좋아하는 법이다.

✎ 마음의 여유가 생기면 자기도 모르게 손이 커지기 마련이다.

🚶 한 걸음 더! *one more step*

'손이 크다'의 반대 표현은 '손이 작다'이다. 그 씀씀이가 깐깐하고 넉넉하지 못한 것을 말한다.

✎ 그렇게 손이 작아서야 어떻게 사람들에게 인심을 얻겠어.

✎ 손이 큰 나도 문제이지만 너는 왜 그리 손이 작은 거야?

'손발이 맞다'

'손발이 맞다'는 어떤 일을 할 때 생각이나 행동이 일치하는 것을 말한다. 생각과 뜻이 서로 잘 통하여 손뿐만 아니라 발까지 일치한다면, 좋은 결과를 맺을 수 있다.

예문

- 하기 싫어서 억지로 하는 두 녀석이 손발이 맞을 리가 있겠어.
- 오늘은 손발이 잘 맞아서 일이 생각보다 빨리 끝났다.
- 계획만 좋으면 뭐해요, 손발이 맞아야 해 나가죠.

한 걸음 더! *one more step*

한국 속담에 '도둑질을 해도 손발이 맞아야 한다'는 말이 있다. 어떤 일을 하든지 서로 마음이나 행동이 맞아야 이룰 수 있다는 말이다.

'가슴이 철렁하다'

여보세요?
엄마 저예요, 진희.
전화를 여러 번
하셨는데 무슨 일이
있는 거예요?

아니, 의사 선생님이
아버지가 다음 주에는
퇴원해도 괜찮겠다고
해서 너와 상의하려고.

다행이에요.
전 병원 전화번호도
남겨져 있어서 순간
<u>가슴이 철렁했어요.</u>

미안하구나.
문자를 남길 걸 그랬구나.
아버지는 괜찮단다.

'가슴이 철렁하다'는 '불안이나 충격으로 놀라다'는 말이다. '가슴이 철렁하다' 대신 '가슴이 덜컹하다'를 써도 뜻이 같다. '철렁', '덜컹', '선뜩' 같은 말은 무섭거나 불길한 일을 표현할 때 자주 쓰인다.

예문

- 수학 시간에 선생님이 내 이름을 부르자 가슴이 철렁했다.
- 어렸을 적부터 함께 살아온 할머니가 쓰러졌다는 말에 가슴이 철렁했다.
- 겁 많은 주영은 어두운 골목에서 낯선 아저씨와 눈이 마주치는 순간 가슴이 덜컹해서 그 자리에 주저앉아 버렸다.

한 걸음 더! *one more step*

'가슴이 철렁하다'와 비슷한 표현으로는 '가슴이 내려앉다'가 있다.

- 이제는 그의 목소리만 들어도 가슴이 덜컹 내려앉는 것 같다.
- 주인공은 평생 찾아 헤매던 누이가 굶주림에 죽었다는 소식에 가슴이 철렁 내려앉고 말았다.

'배가 아프다'

여기서 '배가 아프다'는 실제로 복통腹痛을 앓는다는 뜻이 아니다. 남이 잘 되는 것을 보고 샘, 질투가 난다는 말이다.

예문

- 마리는 친구에게 준 복권이 당첨된 것을 알고 몹시 배가 아팠다.
- 창식이는 뒤늦게 공부를 시작한 후배가 자신보다 일찍 사법고시에 합격했다는 소식을 듣자 배가 아픈 모양이었다.

🚶 한 걸음 더! *one more step*

한국 속담에 '사촌이 논을 사면 배가 아프다'는 말이 있다. 원래 이 말은, 품앗이를 하던 시절 이웃사촌이 논을 사면 할 일이 더 많아지니까 배가 아프다고 꾀병을 부린다는 의미였다. 그런 본래 의미가 오늘날 '샘이 나다'라는 뜻으로 바뀌었다.

'허리(띠)를 졸라매다'

당신, 이 가계부 좀 보세요.

뭐, 조금 모자란 걸 가지고 걱정하는 거예요?

수입은 일정한데 들어가는 게 많아졌잖아요.

아무래도 반찬값과 당신 교통비를 줄이며 허리를 졸라매야겠어요.

내 교통비까지? 당신 너무한 거 아니에요?

'허리(띠)를 졸라매다'는 '절약하다, 돈을 아껴 쓰다'라는 뜻이다. 넉넉하지 못한 살림살이에 배고픔을 참기 위해 허리띠를 조일 만큼 어렵던 삶에서 나온 표현이다. 가난해서 '배고픔을 참다'라는 말에서 유래한 것이다.

예문

- 이 상황에서 허리띠만 졸라맨다고 해서 모든 게 해결되지 않는다.
- 당분간 집을 장만할 때까지는 모든 식구가 허리띠를 졸라매기로 약속했다.
- 네 할머니는 먹고 싶은 거, 입고 싶은 거 안 사시고 그렇게 허리를 졸라매며 돈을 모으셨지.

한 걸음 더! *one more step*

'졸라매다'는 '조르다'와 '매다'가 결합된 말이다. '졸라매다'의 문자적 뜻은 '아주 단단히 동여매다, 여유 없이 꼭 조르다'이다. 그래서 '허리띠를 졸라매다'는 넉넉함이 전혀 없도록 허리띠를 바짝 잡아당기는 행위를 말한다.

연습문제 05

[1-2] 다음 글을 읽고 물음에 답하시오.

평소에 (㉮) 지수는 이번에도 손님 대접을 위해 음식을 넉넉히 준비하기로 했다. 요리를 위해 도와 줄 친구는 한 명만 불렀지만 둘은 워낙 (㉯) 한 시간 만에 음식을 다 만들었다.

1. ㉮에 알맞은 말을 고르시오.

　　1) 손이 큰　　　　　2) 간이 큰

　　3) 발이 큰　　　　　4) 눈이 큰

2. ㉯에 알맞은 말을 고르시오.

　　1) 머리를 쥐어짜서　　2) 손발이 따로 놀아서

　　3) 손발이 잘 맞아서　　4) 입이 딱 벌어져서

[3] 다음 밑줄 친 부분과 바꿔 쓸 수 있는 표현은 무엇입니까?

사람이 다섯 명인데, 호떡 세 개로 누구 <u>코에 발라요</u>?

　　1) 귀에 걸어요　　　2) 손에 붙여요

　　3) 목에 걸어요　　　4) 코에 붙여요

[4] 문장에 맞는 관용어를 찾아 ___에 써 넣으시오.

> 가슴이 철렁하다, 눈이 아프다, 배가 아프다, 허리띠를 졸라매다, 허리를 굽히다

1) 부모님 몰래 집을 나가던 석규는 밖에서 문이 열리는 소리에 _____

2) 사장은 경제난에 처한 회사를 위해 모두 ___ 때라고 강조했다.

[5] 제시된 어휘나 표현을 넣어 문장을 만드시오.

1) 배가 아프다 :

2) 귀가 얇다 :

정답

'애(가) 타다/애(를) 태우다'

'애가 타다'는 몹시 초조하거나 걱정이 될 때 쓰는 표현이다. 상대방이 나를 그렇게 만들 때는 '애를 태우다'라고 한다. '애'는 신체의 내장 기관인 '창자'를 말한다. 그 창자를 빌어 걱정, 근심, 초조함을 나타낸 것이다.

예문

- 실수로 휴게소에 혼자 남겨진 아이 때문에 그 어머니는 애가 탔다.
- 혼자 애를 태운다고 해결될 일이 아니니 모든 회원에게 이 일을 알리자.
- 너 어디 갔다오니? 너희 할머니가 애타게 기다리고 계시던데.

🚶 한 걸음 더! *one more step*

'애가 타다'와 비슷한 표현으로 '애간장이 타다/녹다/마르다', '애가 터지다'가 있다. '간장'은 간과 창자인데, '애'에 '간장'을 더하여 '애간장'이 되었다. 그래서 '애가 타다'보다 '애간장이 타다'가 더 간절한 느낌을 준다.

'애(를) 먹다'

'애를 먹다'도 신체의 내부 기관을 써서 표현한 말이다. 그 뜻은 '고생하다, 어려움을 당하다'이다. 상대에게 그런 행위를 할 때는 '애를 먹이다'를 쓴다.

예문

≈ 입이 짧은 두 아이를 키우느라 얼마나 애를 먹었는지 몰라요.

≈ 자신도 학교에 가겠다며 막무가내로 고집을 부리는 동생 때문에 달래느라 애먹었다.

≈ 날씨도 더운데다가 날이 어두워져 길을 찾느라 애를 먹었어요.

🚶 한 걸음 더! *one more step*

앞서 말한 '애가 타다'의 '애'나 '애를 먹다'의 '애'는 모두 창자를 가리킨다. 현대어에서 쓰이는 '애타다, 애먹다, 애끊다, 애끓다, 애쓰다, 애달다, 애달프다' 등은 모두 '애'가 연결되어 걱정스럽고, 힘들고, 간절한 마음을 나타낸다.

'간에 기별도 안 가다'

'간에 기별도 안 가다'는 음식의 양이 너무 적어서 배를 채울 수 없을 때 쓴다. 양이 차지 않는다는 뜻이다.

예문

🌿 먹긴 먹었는데, 간에 기별도 안 간다.

🌿 1인분을 세 명이 나눠 먹었더니 간에 기별도 가지 않았다.

🌿 엄마, 제 몸을 보세요. 피자 한 조각으로 간에 기별이 갈 것 같아요?

한 걸음 더! *one more step*

'간에 기별도 안 가다'에서 기별이란 무엇일까? '기별'이란 다른 곳에 있는 사람에게 소식을 전하는 것 또는 그 소식을 적은 종이를 말한다. 현대어에서는 비슷한 단어인 '소식'을 더 많이 쓴다.

'입이 귀에 걸리다'

아마 눈치를 챘을지도 모르겠다. 입이 귀에 걸릴 정도로 웃는 모습을 보면 어떤 좋은 일, 기쁜 일이 있을 것이라 짐작할 수 있다. '입이 귀에 걸리다'는 기쁘거나 즐거워서 입이 크게 벌어진 모습이다. 그리고 그 기쁘고 즐거운 정도가 아주 크기 때문에 입꼬리가 귀에 걸릴 정도라는 말이다.

예문

- 결혼 승낙을 받고 나더니 입이 귀에 걸렸구나, 그렇게 좋으니?
- 아내가 딸을 낳자 남편은 입이 귀에 걸려 어쩔 줄 몰랐다.
- 생각지도 못한 휴가 보너스를 받은 희성 씨는 입이 귀에 걸렸다.

한 걸음 더! *one more step*

'입이 귀에 걸리다'와 같은 뜻으로 '입이 귀밑까지 찢어지다'는 표현도 있다. 또 '귀밑까지'를 빼고 '입이 찢어지다'라고만 쓰기도 한다.

'눈에 넣어도 아프지 않다'

축하해요. 얼마 만에 엄마가 되는 거예요?

결혼하고 딱 10년 만이에요. 아이를 못 가질 줄 알았는데

이렇게 건강한 아이가 태어나서 무척 기뻐요.

눈에 넣어도 아프지 않을 아이네요.

네. 우리 집에 온 복덩이라고 생각해요.

'눈에 넣어도 아프지 않다'는 것은 매우 귀엽고 사랑스럽다는 말이다. 그 대상이 얼마나 귀중하고 사랑스러우면 이렇게 표현할 수 있을까.

예문

- 할머니는 막내 동생을 눈에 넣어도 아프지 않을 만큼 귀여워하셨다.
- 세 살 난 딸아이가 어찌나 귀엽게 구는지 눈에 넣어도 아프지 않을 정도다.
- 눈에 넣어도 아프지 않을 자식이라지만 너무 버릇없이 키우면 안 돼.

한 걸음 더! *one more step*

관용어는 아니지만, 눈에 넣어도 아프지 않을 정도로 귀엽고 사랑스러울 때 쓰는 표현이 있다. '깨물어 주고 싶다'가 그것이다. 학습자는 당황할지도 모르겠다. 귀엽고 사랑스러운데 깨물어 준다고 하다니 말이 안 된다고 하겠지만 이것은 반어적인 표현이다.

- 어머, 아기가 깨물어 주고 싶을 정도로 귀여워요.
- 고사리손으로 공을 가지고 노는 아들이 깨물어 주고 싶을 정도로 귀여워 보였다.
- 포동포동한 조카의 볼은 깨물어 주고 싶을 만큼 귀여웠다.

연습문제 06

[1-2] 다음 글을 읽고 물음에 답하시오.

연우의 어머니는 제 아버지에게 호되게 꾸지람을 듣고 나가서 밤이 되도록 돌아오지 않는 아들 때문에 (㉮). 그 옛날 연우가 막 태어났을 때, 연우의 아버지는 (㉯) 녀석이라고 했건만 지금은 보기조차 싫어하고 있다.

1. ㉮에 알맞은 말을 고르시오.

　　1) 애를 먹었다　　　2) 간이 떨어졌다

　　3) 애가 탔다　　　　4) 간이 부었다

2. ㉯에 알맞은 말을 고르시오.

　　1) 가슴에 새길　　　2) 눈에 넣어도 아프지 않을

　　3) 가슴이 찢어질　　4) 눈도 깜짝 안 할

[3] 다음 밑줄 친 부분과 바꿔 쓸 수 있는 표현은 무엇입니까?

이걸 혼자 해결한다고 얼마나 <u>고생했니</u>? 잘 되어서 다행이다.

　　1) 애 먹었니　　　　2) 눈살을 찌푸렸니

　　3) 입이 벌어졌니　　4) 낯이 뜨거웠니

[4] 문장에 맞는 관용어를 찾아 ___에 써 넣으시오.

> 간이 크다, 간에 기별도 안 가다, 입이 귀에 걸리다,
> 엉덩이가 가볍다, 귀가 얇다

1) 대식가인 왕 씨는 코스 요리를 다 먹고도 _____면서
   메뉴판을 집어 들었다.

2) 나나 씨는 한국어 말하기 대회에 나갈 수 있게 되자
   _____.

[5] 제시된 어휘나 표현을 넣어 문장을 만드시오.

1) 애를 태우다 :

2) 입이 귀에 걸리다 :

정답

1.3) 2.2) 3.1) 4.1)간에 기별도 안 간다 2)입이 귀에 걸렸다

3부

아하,

이렇게
비슷하구나

'머리가 아프다'와 'あたまがいたい[頭が痛い]'

'머리를 숙이다'와 'あたまをさげる[頭を下げる]'

'얼굴이 두껍다'와 'つらのかわがあつい[面の皮が厚い]'

'눈치가 빠르다'와 'めざとい[目敏い]'

'눈이 높다'와 'めがたかい[目が高い]'

'눈이 (회)동그래지다'와 'めをまるくする[目を丸くする]'

'콧대가 높다'와 'はながたかい[鼻が高い]'

'입에 맞다'와 'くちにあう[口に合う]'

'귀에 못이 박히다'와 'みみにたこができる[耳にたこができる]'

'목을 자르다'와 'くびをきる[首を切る]'

'어깨를 나란히 하다'와 'かたをならべる[肩を並べる]'

'팔짱을 끼다'와 'うでをこまぬく[腕をこまぬく]'

'등을 돌리다'와 'せをむける[背を向ける]'

'손에 땀을 쥐다'와 'てにあせをにぎる[手に汗を握る]'

'간이 크다'와 'きもがふとい[肝が太い]'

'뼈에 사무치다'와 'ほねみにしみる[骨身にしみる]'

'피도 눈물도 없다'와 'ちもなみだもない[血も涙もない]'

'호흡이 맞다'와 'いきがあう[息が合う]'

'몸에 배다'와 'みにつく[身につく]'

'머리가 아프다'와
'あたまがいたい[頭が痛い]'

'머리가 아프다'는 관용어라 말하기 힘들 정도로 문맥상 그 뜻을 이해하기 쉽다. 일 따위가 어렵고 귀찮고 성가시다는 뜻이다. 실제로 그런 일 때문에 머리에 통증을 느껴서 괴롭다는 말이기도 하다.

예문

- 그 녀석만 생각하면 안 아프던 머리가 아파요.
- 머리 아픈 이야기는 이 정도로 하고 머리 식힐 겸 공원에 나 가죠.
- 그만 좀 하렴. 네 뒤치다꺼리만 하는 엄마는 얼마나 머리가 아프겠니?

머리가 아픈 것은 한국이나 일본이나 똑같은가 보다.

예문

- 子供たちが言うことを聞かないので頭が痛いです。
  아이들이 말을 잘 듣지 않아서 머리가 아파요.

- 就職試験のことで頭が痛い。
  취직시험 때문에 머리가 아프다.

'머리가 아프다' 대신 '골치가 아프다'도 많이 쓰인다. 여기서 '골치'는 '머릿골'의 낮춤말이다. '골 + 치'로 분석된다. '골'은 뇌腦, 머리를 뜻하고, '치'는 물고기 이름이나 사람, 사물을 낮추어 이르는 말이다.

✎ 마감 하루를 앞두고 기계에 문제가 생겨 골치가 아프다.

✎ 갓 들어온 신입 사원 때문에 골치가 아픈 모양이다.

✎ 골치 아픈 일은 만들지 마!

'머리를 숙이다'와
'あたまをさげる[頭を下げる]'

'머리를 숙이다'에는 몇 가지 뜻이 있다. 가장 기본적인 뜻은 '인사하다'(1)이다. 거기에서 나아가 '경의를 표하다', '존경하는 마음을 갖다'(2)는 뜻으로 쓴다. 그 외에 '사과하다'(3), '굴복·항복하다'(4)는 뜻을 가진다. 피동형으로 '머리가 숙여지다'가 쓰인다.

예문

- 자손들은 할아버지의 거룩한 뜻에 모두 머리를 숙였다.(2)
- 콧대 높던 부장도 자신의 실수를 인정하고 사장에게 머리를 숙이고 말았다.(3)
- 이 작전만 성공하면 적들도 우리에게 머리를 숙일 거야.(4)

한국어 '머리를 숙이다'는 일본어 あたまをさげる[頭を下げる]에 해당한다. 그 쓰임도 비슷하다.

예문

- 私は祖父の祭壇の前で粛然と頭を下げた。
  나는 할아버지의 빈소 앞에서 다소곳이 머리를 숙였다.

- 頭を下げるぐらいなら、しっかりやって！
  사과를 할 것 같으면 제대로 해!

> ✎ 私は絶対に敵に頭を下げることはすまい/下げることはしない。
>
> 나는 절대로 적에게 머리를 숙이지 않을 것이다.

🧍 한 걸음 더! *one more step* ·······················

머리를 숙이는 동작은 실제로 고개를 숙이는 것이다. '고개'는 목을 포함한 머리 부분 또는 목의 뒷부분을 가리킨다.

(2)과 (3)의 '머리를 숙이다'는 '고개를 숙이다'와 같은 의미로 쓸 수 있다.

> ✎ 그 어른 앞에서는 누구도 고개를 숙이지 않을 수 없었다.

'낯/낯가죽이 두껍다'와 'つらのかわがあつい[面の皮が厚い]'

'낯'은 '얼굴'이다. 그래서 '낯이 두껍다', '얼굴이 두껍다'는 말은 뻔뻔하여 부끄러움을 모른다는 뜻이다. '낯가죽'은 '낯'에 살갗을 속되게 이르는 '가죽'을 합친 말이다. 얼굴의 표면을 이루는 살가죽이 '낯가죽'이다. 이 낯가죽의 한자어는 '면피面皮'이다

예문

- ◈ 큰소리치고 나가더니 어떻게 얼굴을 들고 왔나? 참 낯도 두껍다.

- ◈ 낯가죽이 두꺼운 것이 그 남자가 살아가는 방법 중의 하나인지도 모른다.

- ◈ 너같이 얼굴이 두꺼운 녀석도 없을 거야.

일본어 'つらのかわがあつい[面の皮が厚い]'는 한자어 '면피'를 그대로 쓴 것이다.

예문

- ◈ あんなに面の皮が厚い人は初めだ。
  저렇게 낯이 두꺼운 사람은 처음 본다.

- ◈ 君は面の皮が厚いのかプライドがないのか区別がつかない。
  너는 얼굴이 두꺼운 건지 자존심이 없는 건지 모르겠어.

얼굴이 아주 두꺼운 사람을 '철면피'라 한다. 다시 말해,철면피는 어떠한 말에도 어떠한 상황에도 부끄러움을 모르고 뻔뻔하게 행동하는 사람을 뜻한다. 그런 행동을 일컬어 '철면피하다'고 한다.

✎ 그 사람은 거의 사람을 죽일 뻔 했는데도 전혀 뉘우치는 기색도 없는 철면피였다.

✎ 판매 사원이 되려면 철면피처럼 낯이 두꺼워야 해!

'눈치가 빠르다'와 '目敏い[めざとい]'

'눈치가 빠르다'는 남의 속마음을 빨리 알아차리는 것을 말한다. 눈치가 빠르면 사회생활 하는데 도움이 된다고도 한다. '눈치'는 첫째로 남이 자기에게 대하는 드러나지 아니한 태도를 뜻한다. 둘째로 앞에서 말한 것처럼 남의 마음이나 일의 낌새를 알아차리는 힘을 말한다.

예문

✎ 칸 씨는 눈치가 빨라서 두세 마디만 해도 금세 알아차린다.

✎ 예린이는 눈치도 빠르고 손도 빨라서 사람들이 함께 일하기 좋아한다.

✎ 누나는 눈치가 빨라서 나의 거짓말에 속아 넘어가지 않았다.

일본어에도 '눈치가 빠르다'는 말이 있다. '目敏い[め ざとい]'라는 표현뿐 아니라 'めはしがきく[目端が利く]'와 'きがきく[気が利く]'도 쓰인다.

예문

✎ 君はかなり目敏い奴だな。
너 꽤 눈치가 빠른 녀석이구나.

✎ 気が利くのも成功のカギだ。
눈치가 빠른 것도 성공의 관건이다.

'눈치'와 연관되어 많이 쓰는 말로 '눈치가 있다', '눈치가 없다'가 있다. 빠르게 알아채지 못하는 것을 '눈치가 느리다' 라고 하지는 않는다.

한국 속담에 '눈치가 빠르기는 도갓집 강아지'라는 말이 있다. 사람이 많이 드나드는 도갓집의 강아지처럼 사람을 잘 살피고 눈치가 빠른 사람을 비유적으로 이르는 말이다. '도가'는 동업자들이 모여서 장사에 대해 의논하는 집이다. 또 두레, 굿 따위의 마을 일을 도맡아 하는 집을 일컫기도 한다.

> ✒. 당신은 어째서 그렇게 눈치 없는 짓만 해요?
> ✒. 선희는 눈치 있게도 우리 두 사람이 대화를 나눌 수 있
>   도록 재빨리 자리를 피해 주었다.

'눈이 높다'와
'めがたかい[目が高い]'

연말인데 여자 친구도 없고 너무 쓸쓸해.

제가 좋은 분 소개해 줄까요? 어떤 사람이 이상형이에요?

먼저 얼굴이 예뻐야 해. 키도 크고, 마음씨도 곱고,

k대학 정도는 나와야 2세도 똑똑할 거고 …

아, 대리님이 왜 지금까지 여자 친구가 없는지 알겠네요.

그렇게 눈이 높으면 여자 친구커녕 소개팅도 못 할 것 같아요.

'눈이 높다'는 것은 무엇을 선택하고 평가할 때 기준이 높고 까다롭다는 것이다. 또 어떤 것에 대한 수준, 안목이 높다는 뜻으로도 쓰인다.

예문

- 일자리가 없는 게 아니라 네 눈이 높아서 취직을 못 하는 거야.
- 언니가 벌써 스무 번째나 맞선을 봤는데 싫다고 하는 걸 보면 눈이 너무 높은 것 같은데 ....
- 눈 높은 사장님 덕분에 흔치 않는 한국 고미술품을 종종 보게 된다.

한국어 '눈이 높다'에 대응하는 일본어는 'めがたかい[目が高い]'이다. '안목이 높다'는 뜻으로 많이 쓰인다.

예문

- 二枚の絵の違いがお分かりだなんて、お目が高いですね。
  두 그림의 차이를 알다니 눈이 높으시군요.

- お客様、本当にお目が高いですね。これは新商品となっております。
  손님, 안목이 정말 높으시네요. 이것은 신상품이에요.

보는 수준이 높다는 뜻으로 '눈이 있다'는 표현도 쓴다. 또 그런 능력을 가지고 있을 때는 '보는 눈이 있다'고 말한다. 보는 수준이 높지 않다고 할 때는 '눈이 낮다'고 하는데, '눈이 높다'는 표현에 비해 많이 쓰이지는 않는다.

✎ 똑같은 상감 청자처럼 보여도 눈이 있는 사람은 진품과 위조품을 가려낸다.

✎ 오 팀장은 사람 보는 눈이 있어서 아무나 뽑지 않아요.

✎ 어리다고 해서 다 눈이 낮은 건 아니다.

연습문제 07

[1-2] 다음 글을 읽고 물음에 답하시오.

연회장 밖에 (㉮)로 소문난 Y 사장이 도착했다는 소리가 들리자, 사장이 온 이유를 짐작한 (㉯) 사람들은 그 뻔뻔스런 얼굴을 마주하고 싶지 않다는 듯 하나둘씩 자리를 뜨기 시작했다.

1. ㉮에 알맞은 말을 고르시오.

　　1) 손이 크기　　　　2) 마음이 무겁기

　　3) 입이 짧기　　　　4) 얼굴이 두껍기

2. ㉯에 알맞은 말을 고르시오.

　　1) 눈이 많은　　　　2) 눈이 높은

　　3) 눈치가 빠른　　　　4) 눈물이 없는

[3] 다음 밑줄 친 부분과 바꿔 쓸 수 있는 표현은 무엇입니까?

할아버지 제사에 모인 모든 친척이 영정 앞에서 <u>존경을 표했다</u>.

　　1) 머리를 모았다　　2) 머리를 숙였다

　　3) 어깨를 으쓱했다　　4) 어깨를 나란히 했다

[4] 문장에 맞는 관용어를 찾아 ___에 써 넣으시오.

> 마음이 아프다, 머리가 아프다, 얼굴이 얇다, 귀가 크다, 눈치가 없다

1) 박사 논문을 다시 써야 한다고 생각하니 ____ 지경이다.

2) ____면 이 분야에서 쉽게 일을 배울 수 없어요.

[5] 제시된 어휘나 표현을 넣어 문장을 만드시오.

1) 눈이 높다 :

2) 머리를 숙이다 :

'눈이 (회)동그래지다'와 'めをまるくする[目を丸くする]'

금방 혜련이 얼굴 봤어?

응. 소문과 달리 정은이가 우수상을 받자

갑자기 <u>눈이 동그래지면서</u> 맞은편에 앉은 교수님만 쳐다보았어.

우리도 좀 놀랐잖아. 우수상은 당연히 혜련이가 받을 줄 알고 있었는데 …

혜련이 자신도 의외라 생각하고 꽤 놀란 것 같아.

어느 사람을 막론하고 놀랄 때의 표정을 지어 보라고 하면 대부분 눈을 동그랗게 뜰 것이다. '눈이 동그래지다' 혹은 '눈이 둥그레지다'라고 하면 뜻밖의 일이나 정도가 지나친 현상에 놀라다는 뜻이다. '동그래지다', '둥그레지다' 앞에 접두사 '회'나 '휘'를 붙여 쓰기도 한다.

예문

- 어제까지 김치는 매워서 못 먹는다던 캐서린이 김치 두 접시를 먹자 모두 눈이 동그래졌다.
- 헤어진 여자 친구가 한 달 만에 결혼한다는 소식에 얀 씨는 눈이 회동그래지며 말을 하지 못했다.
- 평소 얌전하기만 하던 인수가 거친 발언을 하자 주위 사람들이 놀란 듯 눈이 휘둥그레졌다.

일본어에서도 놀랄 때는 'めをまるくする[目を丸まるくする]'라고 해서 눈을 동그랗게 뜨나 보다.

예문

- ミニスカートを来て現れたガールフレンドを見て、彼は目を丸くした。

  짧은 치마를 입고 온 여자 친구를 보자 오카다는 눈이 동그래졌다.

思いがけない高価なプレゼントに私は目が丸くなってしまった。

뜻밖에 값비싼 선물을 받은 나는 눈이 휘둥그레지고 말았다.

辞職するという部長の突然の言葉に、一同目を丸くした。

갑자기 부장님이 직장을 그만둔다는 말에 모두 눈이 회동그래졌다.

한 걸음 더! one more step

'눈이 휘둥그레지다'와 같은 뜻으로 '눈이 등잔만 해지다'는 옛날 표현이 있다. '등잔'은 전깃불이 없었을 때 기름을 담아 등불을 켜는 데에 쓰던 그릇이다. 놀랄 때 커진 눈의 모습을 등잔에 빗대어 표현한 것이다.

서커스를 처음 본 민수는 눈이 등잔만 해졌다.

형이 건넨 돈뭉치에 나는 눈이 등잔만 해져서 바라보았다.

'콧대가 높다'와
'はながたかい[鼻が高い]'

‘콧대가 높다’는 잘난 체하고 거만하다는 뜻이다. 자랑스럽게 여기거나 뽐낸다는 뜻도 있다. ‘코’는 얼굴에서 중앙에 있으므로 가장 두드러져 보인다. 콧등의 우뚝한 줄기인 콧대가 높은 것이 겸손하지 않음을 뜻하게 되었다.

> ✎. 옆집 형은 명문 대학을 나왔다고 콧대가 높았다.
> ✎. 그 여자는 콧대가 높아 웬만한 남자는 쳐다보지 않는다.
> ✎. 파산으로 콧대 높던 삼촌도 기가 죽어 있었다.

한국어의 ‘코가 높다’는 말에 해당하는 일본어는 ‘はながたかい[鼻が高い]’이다.

예문

> ✎. ハナさんは息子が東京大学に入って非常に鼻が高かった。
>
> 하나 씨는 아들이 동경대학에 들어가서 몹시 우쭐해했다.
>
> ✎. そんなに傲慢だった人も死の前では仕方がなかった。
>
> 그렇게 오만한 사람도 죽음 앞에서는 어쩔 도리가 없었다.

'콧대가 높다'는 말과 반대되는 표현은 무얼까? '콧대가 낮다'라고는 하지 않는다. 몹시 우쭐하고 뽐내기를 잘하는 사람이 오히려 무안을 당했을 경우 '코가 납작해지다'라고 한다.

- 제대로 된 상대를 만나 코가 납작해진 이후로 선배는 자기 자랑을 일절 하지 않았다.
- 자신 있다고 큰소리를 치던 내 친구는 실패를 하자 코가 납작해졌다.

'입에 맞다'와
'くちにあう[口に合う]'

저녁 식사에 초대해
주셔서 감사해요.

차린 건 없지만
많이 드세요.

(잠시 후)

음식이 모두 제
입에 맞아요.
정말 맛있어요.

다행이에요.
입에 맞을지 어떨지
걱정했거든요.

사람마다 좋아하는 음식이나 간을 느끼는 정도는 다르다.

'입에 맞다'는 음식이나 음료의 맛이 자신의 입맛과 일치하는 것을 말한다. 이 경우에 '입' 대신 '입맛'이라고 구체적으로 말하기도 한다. 이 표현은 어떤 것이 자신의 취향과 같을 경우 마음에 든다는 의미로도 쓰인다.

예문

- 동생은 입에 맞는 음식이 하나도 없다고 투덜거렸다.
- 매운 김치가 입에 맞는다고 하니 한국 사람이 다 되었네요.
- 밤새도록 고민을 했지만 아직도 입맛에 맞는 글감을 찾지 못했다.

필자는 한국에 놀러 온 일본 친구가 음식으로 먹으면서 'くちにあう[口に合う]'라고 말하는 것을 들은 적이 있다. 한국어 '입맛에 맞다'와 딱 들어맞는 말이다.

예문

- お口に合うかどうかわかりませんが。
  입에 맞을지 어떨지 모르겠습니다만……

- 初めて作った韓国料理なのでお口に合うか分かりません。

124

처음 만들어 본 한국 음식이라서 입에 맞을지 모르겠어요.

입에 맞는 음식 한 가지만 있으면 밥 한 그릇을 거뜬히 먹는다는 말로 '밥도둑'이라는 말이 있다. '밥도둑'이라는 말은 일은 하지 않고 놀고먹는 사람을 비유적으로 일컫는 말이기도 하다. 그러나 요즘 음식 광고에서 보이는 '밥도둑'은 입맛을 돋우어 밥을 많이 먹게 만드는 반찬을 가리킨다.

🥄 요즘 간장 게장이 저에게는 밥도둑이에요.
🥄 장모님이 만들어 주신 마늘장아찌가 밥도둑이 될 줄이야.

'귀에 못이 박히다'와 'みみにたこができる[耳にたこができる]'

'귀에 못이 박히다'에서 '못'은 목재 따위를 서로 붙이거나 고정하는 데 쓰는 물건이 아니다. 주로 손바닥이나 발바닥에 생기는 단단하게 굳게 된 살을 말한다. 즉 '굳은살'이다. '귀에 못이 박히다'는 좋고 나쁜 말을 떠나서 같은 말을 수없이 반복해서 듣는 것을 말한다.

> **예문**
>
> ✎ 어머니는 어렸을 때, '나처럼 안 살려면 제발 공부 좀해라'라는 말씀을 귀에 못이 박히도록 하셨어.
>
> ✎ 당신의 군대 이야기라면 귀에 못이 박혔어요.
>
> ✎ 제가 이 연구를 하게 된 것은 아버지께서 저희 집안의 독립 운동사를 귀에 못이 박힐 정도로 이야기해 주셨기 때문입니다.

일본어 'たこ'를 들으면 먹는 낙지나 문어가 떠오를지도 모르겠다. 그러나 동음 'たこ[胼胝]'는 皮膚の角質層が厚くなったもの를 가리킨다. 그러므로 'みみにたこができる[耳にたこができる]'는 한국어 '귀에 못이 박히다'에 상응한다.

> **예문**
>
> ✎ またその話ですか。耳にたこができましたよ。
> 또 그 소리예요? 귀에 못이 박히겠어요.

◈ 何度も聞かされて耳にたこができた。

　여러 번 들어서 귀에 못이 박혔다.

◈ その老人たちは、東学について幼い頃から耳にたこができるほど聞いている。

　그 노인들은 동학에 대해 어렸을 때부터 귀에 못이 박히도록 들어왔다.

한 걸음 더! *one more step*

　'귀에 못이 박히다'와 비슷한 표현으로 '귀에 딱지가 앉다'가 있다. '딱지'는 몸에 상처 같은 것이 생겼을 때 그 부위가 말라붙어 생긴 껍질을 말한다. 또 '딱지'는 게나 소라 따위의 몸을 싸고 있는 딱딱한 껍데기를 말할 때도 쓴다.

'목을 자르다'와
'くびをきる[首を切る]'

인간의 '목'이란 '목숨'과도 같다. 그래서 과거에는 주로 누가 상대방의 목을 잘랐다고 하면 죽였다는 뜻이었다. 죽임을 당하는 경우에는 '목이 잘렸다'고 썼다. 그러나 현대에는 '해고되다' 또는 '어떤 직위에서 그만두게 되다'는 뜻으로 쓰인다. 이런 말은 직장인이라면 듣고 싶지 않은 말 중의 하나일 것이다.

예문

☞ 너처럼 일하다가는 언제 목이 잘릴지 몰라. 좀 제대로 하는 게 좋겠어.

☞ 제가 이 말을 하면 사장님이 제 목을 자를까요?

☞ 회사가 목을 자르기 전에 제가 사직서를 던지고 나와 버렸지요.

한국어 '목을 자르다'에 해당하는 일본어가 바로 'くびをきる[首を切る]'이다. '首にする' 혹은 '首になる'라고도 한다.

예문

☞ 社長としても社員の首を切るのはつらいことです。

사장으로서도 직원을 해고하는 것은 괴로운 일이에요.

130

⊛ 今回はまた何人が首を切られるか分からない。

이번에는 또 몇 명이 해고될지 모르겠어.

⊛ 人事部では会社の規定に基づいて、実績のない役員を首にすることにした。

인사부는 회사규정에 따라 실적이 없는 임원을 해고하기로 했다.

한 걸음 더! *one more step*

해고당하는 쪽에서 '잘리다'는 말 대신 '떨어지다', '달아나다', '날아가다'를 쓰기도 한다. 또한 '목' 대신에 비속어로 '모가지'를 쓰기도 한다.

연습문제 08

[1-2] 다음 글을 읽고 물음에 답하시오.

오늘은 대사관에서 소개한 유학생 세 명이 오는 날이다. 준비한 음식이 유학생들의 (㉮) 좋겠다고 생각하고 있을 때 전화가 울렸다. 대사관에 근무하는 R 씨였다. 한 달 내내 똑같은 말을 했지만 나는 웃으며 "이제 (㉯)"라고 대답했다.

1. ㉮에 알맞은 말을 고르시오.

　1) 입에 쓰면　　　　2) 입이 무거우면

　3) 입에 맞으면　　　4) 입이 짧으면

2. ㉯에 알맞은 말을 고르시오.

　1) 손이 매워요　　　2) 귀에 못이 박혔어요

　3) 입만 살았어요　　4) 눈치가 빨라졌어요

[3] 다음 밑줄 친 부분과 바꿔 쓸 수 있는 표현은 무엇입니까?

밤낮없이 열심히 일만 하던 정 씨가 하루아침에 <u>해고를 당했으니</u> 앓아누울 만도 하다.

　1) 눈에 찼으니　　　2) 목을 잘렸으니

　3) 귀가 아프니　　　4) 목이 빠지게 기다렸으니

[4] 문장에 맞는 관용어를 찾아 ___에 써 넣으시오.

> 귀에 익숙하다, 콧대가 높다, 얼굴이 반쪽이 되다,
> 눈이 회동그래지다, 눈이 높다

1) 3년 만에 부자가 되어 나타난 지후를 보자 모두
   _____.

2) 누나는 _____ 것도 아닌데, 남자들의 청혼을
   거절해 왔다.

[5] 제시된 어휘나 표현을 넣어 문장을 만드시오.

1) 밥도둑 :

2) 귀에 딱지가 앉다 :

정답

1.3) 2.2) 3.2) 4.1)눈이 회동그래졌다 2)콧대가 높은

'어깨를 나란히 하다'와
'かたをならべる[肩を並べる]'

나란하다'는 말은 '여럿이 늘어선 모양이 가지런하다', 또는 '여러 줄이 평행하다'라는 말로 어느 한 쪽으로 기울어지지 않고 균등하거나 고르다는 의미이다. 그래서 '어깨를 나란히 하다'는 실력이나 힘 따위가 대등한 것을 나타낸다.

예문

≋ 우리는 언제쯤 '모모'기업과 어깨를 나란히 할 수 있을까요?

≋ 퇴계 이황과 남명 조식은 같은 해에 태어나 한국 유학에서 양대 산맥을 이루며 어깨를 나란히 했다.

일본어도 한국어와 마찬가지로 'かたをならべる[肩を並べる]'를 써서 대등한 위치가 되는 것을 나타낸다.

예문

≋ この分野で彼と肩を並べる人はいません。
이 분야에서 그와 어깨를 나란히 할 사람은 없습니다.

≋ 以前は名前も聞いたことのなかった大学が、今や一流大学と肩を並べるほどになった。
예전에는 이름도 들어보지 못한 대학이, 지금은 일류 대학과 어깨를 나란히 하고 있다.

'어깨를 나란히 하다'와 비슷한 표현으로 '어깨를 겨누다'
는 말이 있다.

> ✎ 너는 아직 사가 씨와 어깨를 겨눌 만한 상대가 못 된
> 다.

'팔짱을 끼다'와
'うでをこまぬく[腕をこまぬく]'

앞 대화에서 나오는 '팔짱을 끼다'는 한 사람이 다른 사람의 옆에 서서 팔짱을 끼는 모습이 아니다. 여기서는 한 사람이 자신의 양팔을 교차시켜 겨드랑이 밑으로 두는 모습을 말한다. 한국에서 팔짱을 끼는 것은 대체로 상대방의 말이나 행동을 방관하는 태도로 본다. 그래서 어떤 일을 삼자의 입장에서 보기만 하거나, 해결하려 하지 않고 구경할 때 '팔짱을 끼다'라고 한다.

예문

- 그 여자는 팔짱을 낀 채 무표정하게 서 있었다.
- 남 일처럼 그렇게 팔짱만 끼고 보고 있을 거예요?
- 팔짱만 끼고 있던 은석도 사태의 심각성을 알자 일에 뛰어들었다.

일본어에서는 말 그대로 팔짱을 끼는 행동을 '腕を組む'라 하지만, 수수방관하거나 아무것도 하지 않고 내버려 두는 경우는 'うでをこまぬく[腕をこまぬく]'라 한다.

예문

- 本当に腕をこまぬいて見てばかりいるんですか。
  정말로 팔짱만 끼고 보고 있을 거예요?

> ✎ 他人事のように腕をこまぬいている彼が実に
> 気に入らなかった。
>
> 남의 일처럼 수수방관하고 있는 그가 너무 싫었다.

나라마다 '신체 언어'가 있을 것이다. 팔짱을 끼는 행위도 신체 언어의 하나다. 팔짱을 끼는 행위가 주는 의미가 관용어로 굳어진 것이다.

언급된 뜻과는 다르게 추울 때 가슴 앞에서 양팔을 끼는 행위를 하기도 한다.

'등을 돌리다'와
'せをむける[背を向ける]'

사람이 서로 소통할 때 보통 서로의 눈을 보거나 얼굴을 마주본다. 반면에 상대에게 등을 보이는 행동은 서로 보지 않겠다는 의미이다. 즉 외면이다. 그것은 관계를 끊겠다는 말이다. 넓게는 '배신'까지도 포함한다.

예문

- 모두 등을 돌렸지만 공주는 끝까지 왕의 곁을 지켰다.
- 아버지가 사업에서 망하자 이웃들이 우리 가족에게 등을 돌렸다.
- 정의가 죽은 사회에서는 쉽게 등을 돌린다.

일본어도 한국어와 마찬가지로 'せをむける[背を向ける]' 라고 한다. 다만 상대방에게 등을 보인 상태를 표현한다.

예문

- みんなが背を向けたとしても、友人の君はそうするべきではない。

모두가 등을 돌린다고 해서 친구인 너마저 그래서는 안 된다.

- 彼は彼女が苦境に陥るや否やあっという間に背を向けてしまった。

그 사람은 여자 친구가 곤경에 빠지자마자 순식간에 등을 돌려버렸다.

'등을 돌리다'는 조사를 생략하고 '등 돌리다' 라고도 쓴다. 비슷한 말로 '등을 지다', '등지다'가 있다.

> ✎ 네가 사장에게 등 돌리면 다른 모든 사람은 너에게 등을 돌릴 것이다.
>
> ✎ 절대로 형제들과 등지고 살지 마라.

'손에 땀을 쥐다'와
'てにあせをにぎる[手に汗を握る]'

손에 땀이 나는 이유는 여러 가지가 있을 수 있다. 그 중 어떤 일에 긴장하거나 흥분할 때, 또 초조한 경우에도 신체가 반응하여 땀이 난다. 그래서 조마조마하고 초조한 상황을 나타낼 때 '손에 땀이 나다'라고 직접적으로 표현할수 있다. 그러나 '손'은 주로 잡거나 쥐는 행위와 연결된다. 그래서 '쥐다'라는 동사를 써서 '손에 땀을 쥐다'라고 말한다.

예문

- 손에 땀을 쥐고 역전을 거듭하는 경기를 보았다.
- 서커스단의 아슬아슬한 공연은 보는 내내 손에 땀을 쥐게 만들었다.
- 마술사는 이번에도 손에 땀을 쥐게 하는 묘기를 선보였다.

한국어에 '손에 땀을 쥐다'가 있다면 일본어에는 'てにあせをにぎる[手に汗を握る]'가 있다.

예문

- この推理小説を読むと、最後まで手に汗を握るような展開にのめり込んでしまう。
  이 추리소설을 읽으면 마지막까지 손에 땀을 쥐게 하는 전개 때문에 빠져들고 만다.

＊ その大会では、手に汗を握る熱戦が繰り広げられた。

그 대회에서는 손에 땀을 쥐게 하는 열전이 벌어졌다.

한 걸음 더! one more step

손이나 얼굴, 몸 전체에 땀이 가득할 때, '땀범벅'이라는 말을 쓴다. '범벅'은 원래 곡식 가루를 죽이나 풀처럼 쑨 음식을 말한다. 여기서 나아가 여러 가지 사물이 뒤섞이어 분간이 힘든 상태를 비유적으로 나타낼 때 쓰기도 한다. 땀범벅이란 몸과 옷이 땀으로 뒤섞여 어지럽게 된 상태이다.

＊ 운동 후 온몸이 땀범벅이었지만 기분은 좋았다.

＊ 운동장을 한 바퀴 돌았을 뿐인데 창수의 얼굴은 온통 땀범벅이 되었다.

'간이 크다'와
'きもがふとい[肝が太い]'

야식이 좀 모자랄 것 같지만 날도 어둡고 편의점도 좀 머니까 이 정도로 끝냅시다!

제가 자전거로 갔다 올게요.

이 컴컴한 밤에 여자인 네가 왜 나서는 거야?

제가 <u>간이 좀 커서</u> 괜찮아요.

신체 내부 기관 중 간은 한국어에서 무서움이나 두려움과 관련된 것을 볼 수 있다. 무서워하고 두려워하는 심리적 경향을 한자어로 겁[怯]이라고 한다. '간이 크다'는 것은 겁이 없고 대담하다는 것을 나타낸다.

예문

≋. 남동생은 간이 커서 웬만한 일에는 놀라지도 않는다.

≋. 타밀은 간이 큰 사람답게 아무에게도 알리지 않고 혼자 악당들을 만나러 갔다.

≋. 한밤중에 공동묘지에 가서 술을 마시자고 한 사람은 간이 큰 것이 아니라 무모하게 보였다.

일본어에서는 'きもがふとい[肝が太い]'라고 한다. '클 태[太]' 자에는 크기가 큰 것뿐 아니라 굵기가 굵다는 뜻도 함께 있다. 간이 크다고 해서 'きもがおおきい[肝が大きい]라고 하지 않는다는 점을 주의해야 한다. 'きもがふとい[肝が太い]'을 때로는 'きもったまがふとい[肝っ玉が太い]'라고도 쓴다.

예문

≋. 彼女は見た目より、肝が太いです。
여자 친구는 보기보다 간이 커요.

その男は肝が太くて、多少のことでは動じません。

그 남자는 간이 커서 어지간한 일에는 눈도 깜짝 안 해요.

일본어에서는 '간이 크다'와 반대로 '간이 작다[肝が小さい]'라는 표현을 쓴다. 한국어에서는 몹시 두려워지거나 무서워질 때 '간이 콩알만 해지다'라고 말한다. '아주 작다'는 의미로 '콩'을 선택한 것이다.

나는 바람소리에도 간이 콩알만 해졌다.

평소에 말이 없던 선생님께서 갑자기 큰소리로 꾸짖자 학생들은 간이 콩알만 해졌다.

연습문제 09

[1-2] 다음 글을 읽고 물음에 답하시오.

드디어 (㉮) 경기가 끝났다. 금메달 시상대에 두 나라 선수들이 올라갔다. 이제 두 나라는 아이스하키 실력에서 (㉯) 할 수 있는 경쟁국이 된 것이다.

1. ㉮에 알맞은 말을 고르시오.

   1) 간이 콩알만 해지는   2) 손에 땀을 쥐게 하는

   3) 간이 떨어지는   4) 배가 아픈

2. ㉯에 알맞은 말을 고르시오.

   1) 어깨를 나란히   2) 콧대를 꺾게

   3) 어깨를 짓누르게   4) 코를 납작하게

[3] 다음 밑줄 친 부분과 바꿔 쓸 수 있는 표현은 무엇입니까?

배호는 의심하지 않았던 친구가 <u>배신한 것을</u> 알자 복수를 결심했다.

   1) 머리를 싸맨 것을   2) 입이 가벼운 것을

   3) 등을 돌린 것을   4) 눈을 돌린 것을

[4] 문장에 맞는 관용어를 찾아 ___ 에 써 넣으시오.

손을 쓸 수가 없다, 엉덩이가 가볍다, 팔짱을 끼다, 발등에 불이 떨어지다, 간이 크다

   1) 당신은 자식 문제에 남 일처럼 _____ 있다니, 부모 자격이 없는 것 같아요.

   2) 남자 친구는 소심하게 행동하는 것보다 _____ 일을 벌이는 것을 선호했다.

[5] 제시된 어휘나 표현을 넣어 문장을 만드시오.

   1) 손에 땀을 쥐다 :

   2) 팔짱을 끼다 :

정답

1.2) 2.1) 3.3) 4.1)팔짱을 끼고 2)간이 크게

'뼈에 사무치다'와
'ほねみにしみる[骨身にしみる]'

시골에 다녀왔다고? 할아버지는 어떠셨어?

손자인 저를 못 알아보셔요. 그리고 아버지 사진만 보면 우셔요.

아버지에 대한 어떤 회한이 남아 있으신가 보구나.

네. 할아버지는 '내가 못 해 준 것이 많아서 <u>뼈에 사무친다</u>'고 계속 말씀하셨어요.

'사무치다'는 어떤 것이 깊이 스며들거나 멀리까지 미친다는 말이다. 여기서 '어떤 것'이란 주로 '원한, 고통, 서러움' 따위의 어두운 정서이다. 그래서 '뼈에 사무치다'는 마음속 깊이 잊히지 않을 정도로 심각하고 절실한 감정을 표현한다.

예문

- 친구를 구하지 못했다는 자책감이 뼈에 사무쳤다.
- 카일은 아내를 잃고 뼈에 사무치는 그리움으로 매일 밤 괴로워했다.
- 오빠의 복수는 원한이 뼈에 사무쳐서 나온 것이다.

한국어 '사무치다'에 대응하는 일본어는 てっする[徹する]이다. 그래서 '뼈에 사무치다'는 'ほねにてっする[骨に徹する]'가 된다.

예문

- その作品からは、骨身にしみる孤独が感じられる。
  그 작품 속에는 뼈에 사무친 고독이 느껴진다.

- 母の恨みは骨に徹するほど深かったです。
  어머니의 한은 뼈에 사무칠 정도로 깊었습니다.

'뼈에 사무치다'를 '뼛속에 사무치다'로 표현하기도 한다. 또 그 정도가 깊을 때는 '뼛속 깊이 사무치다'라고 쓰기도 한다.

> ✎ 그 남자는 타향에서의 설움이 뼛속 깊이 사무친 사람이다.

'피도 눈물도 없다'와
'ちもなみだもない[血も涙もない]'

우리 부장님이 업무에는 냉정하기로 소문이 나 있잖아요.

그런데요?

10년이나 같이 고생한 부하 직원이 업적을 달성하지 못하자 자리를 빼 버렸어요.

정말로 그렇다면 피도 눈물도 없는 분인 것 같아요.

아니면 혹시 다른 이유라도 있는 건 아닐까요?

'피'는 인간을 살아있게 하는 주요한 요소다. 또한 '피'는 인간의 감정과 관계가 있다. 피는 따뜻한 인정과 정열, 용기를 상징한다. 눈물도 마찬가지로 슬픔, 연민, 기쁨 등 감정에 의해서 나온다. 따라서 감정을 나타내는 '피'나 '눈물'이 인간에게 없다는 것은 인정이 없고 냉정함을 뜻한다.

예문

✎ 아이가 보는 앞에서 칼을 휘두른 그 자는 자비, 용서, 동정과는 거리가 먼 피도 눈물도 없는 사람이었다.

✎ 그런 잔인한 짓을 하고도 잘못을 구하지 않다니, 네 녀석은 피도 눈물도 없는 놈이다.

한국어 '피도 눈물도 없다'는 일본어 'ちもなみだもない[血も涙もない]'와 같은 표현이다.

예문

✎ 出世のために彼氏を捨てるなんて彼女は血も涙もない女だ。

출세를 위해 남자 친구를 버리다니 그녀는 피도 눈물도 없는 여자다.

✎ 血も涙もないあんな非情な人間とはとてもじゃないが付き合えない。

피도 눈물도 없는 저런 비정한 사람과는 도저히 사귈 수 없어요.

사람 몸속의 피는 따뜻하다. 그래서 '피도 눈물도 없는' 사람을 '냉혈冷血'(차가운 피)이라는 낱말을 써서 '냉혈 인간'이라고도 한다.

✎ 한마디로 너는 피도 눈물도 없는 냉혈 인간이다.

'호흡이 맞다'와 'いきがあう[息が合う]'

예상과 달리 일이 빨리 끝났네요.

모두가 호흡이 척척 맞아서 그런 것 같아요.

다음에도 오늘만 같으면 좋겠어요.

네. 오늘처럼 저도 호흡을 잘 맞출게요.

'호흡'은 쉬운 말로 '숨'이다. '호'는 내쉬는 숨이고 '흡'은 들이쉬는 숨으로, 내 쉬고 들이 쉬는 것이 짝을 이룬 말이다. 이 숨은 감정이나 상태에 따라 빨라지기도 하고 느려지기도 한다. 그리고 사람마다 숨을 쉬는 리듬이 있다. 이런 숨이 타인과 같아지는 것을 '호흡이 맞다'라고 한다. 사람들의 생각이 같아서 행위가 조화되는 것을 말한다.

예문

✎ 서로 호흡이 맞아서 일이 잘 마무리 될 것 같아요.

✎ 이 일이 성공하려면 개인의 우수성보다는 모두 호흡이 맞아야 된다.

✎ 이제야 호흡이 잘 맞는 파트너를 만나 기쁩니다.

일본어 'いき'는 호흡[숨]이다. '호흡이 맞다'고 할 때는 'いきがあう[息が合う]'라 한다.

예문

✎ その二人はよく息が合う卓球選手だ。

그 두 사람은 호흡이 잘 맞는 탁구 선수다.

✎ 今日鑑賞したオーケストラは、団員皆の息が合ってとても素晴らしいものでした。

오늘 본 관현악은 모든 단원이 호흡이 잘 맞아 정말 멋졌습니다.

호흡이 잘 맞도록 행동하는 것을 '호흡을 맞추다'라고 한다.

✎ 이번 프로젝트의 성공을 위해 호흡을 잘 맞춰 봅시다.

'몸에 배다'와
'みにつく[身につく]'

'배다'는 어떤 것이 스며들거나 스며 나온다는 뜻이다. 주로 음식 냄새나 어떤 향기에 신체가 얼마 동안 놓이면 옷이나 몸에서도 그 냄새가 나게 되는데, 이럴 경우 '나다'는 말 대신에 '배다'를 쓴다. 그런데 생각, 지식, 일, 기술, 습관 등에 익숙해지는 것을 나타낼 때도 '몸에 배다'라는 표현을 쓴다.

예문

☞ 오토 씨는 한국의 인사 예절이 몸에 배도록 연습했다.

☞ 할아버지는 절약이 몸에 배어서 돈을 함부로 쓰지 않으신다.

☞ 이제 고객을 대하는 일이 제법 몸에 밴 듯 자연스럽다.

한국어 '몸에 배다'와 똑같은 뜻의 일본어는 'みにつく[身につく]'이다. 여기서 'つく[付く]'는 여러 가지 뜻으로 쓰인다. 기본 의미는 어떤 것이 붙고 묻는 '접착'이다. 또 지식, 교양 등이 자기 것이 되어 지니게 되는 것, 감각 기관에 들어오는 것, 기계, 전기 등이 작동하는 것 등을 나타낼 때도 쓰인다.

예문

☞ 父は一生涯質素さが身についていた人だった。

아버지는 한평생 검소함이 몸에 배어 있던 사람이었다.

✎ 子どもを教える仕事が身についていた彼女は、知らず知らずのうちにそんな言葉遣いを使ってしまった。

아이들을 가르치던 일이 몸에 밴 여자 친구는 자신도 모르게 그런 말투를 써 버렸다.

한 걸음 더! *one more step*

한국어에는 '배다'와 발음이 비슷한 '베다'가 있다. '베다'는 '베개를 베다'처럼 누울 때 베개나 그와 비슷한 것을 머리 아래에 받치는 것을 말한다. '칼에 손이 베이다', '낫으로 벼를 베다'와 같이 날이 있는 물건에 상처가 나거나 무엇을 자르는 것을 말하기도 한다. 그렇지만 '낫으로 벼를 자르다'라고는 표현하지 않는다.

연습문제 10

[1-2] 다음 글을 읽고 물음에 답하시오.

야니 씨가 한국에 온 지 올해로 10년이 되었다. 이제 한국 사람처럼 머리를 숙여 인사하는 것이 아주 (㉮). 업무를 볼 때에도 한국 사람들과 (㉯) 편이라 모두 야니 씨와 일하기를 좋아한다.

1. ㉮에 알맞은 말을 고르시오.

    1) 귀에 익숙했다   2) 낯이 익숙했다

    3) 몸에 배었다   4) 몸이 무거웠다

2. ㉯에 알맞은 말을 고르시오.

    1) 어깨를 같이 하는   2) 호흡이 척척 맞는

    3) 발이 넓은   4) 간이 큰

[3] 다음 밑줄 친 부분과 바꿔 쓸 수 있는 표현은 무엇입니까?

아무리 사이가 안 좋다고는 하지만, 자기 어머니가 돌아가셨다는데 가 보지도 않는 <u>인정머리 없는</u> 인간과는 사귀지 않는 게 좋겠다.

    1) 손이 모자라는   2) 마음이 없는

    3) 사족을 못 쓰는   4) 피도 눈물도 없는

[4] 문장에 맞는 관용어를 찾아 ___에 써 넣으시오.

코끝이 찡하다, 뼛속 깊이 사무치다, 오리발을 내밀다

길동은 서자라는 설움이 _____집을 나오고 말았다.

[5] 제시된 어휘나 표현을 넣어 문장을 만드시오.

1) 냉혈 인간 :

2) 호흡을 맞추다 :

정답

1.3) 2.2) 3.4) 4.뼛속 깊이 사무쳐

찾아보기